CW01302674

TENEMOS QUE HABLAR

IMANE AZMANI OUALITE

Primera edición: Marzo 2021

ISBN: 9798725382280

Tarragona, España

Edición especial para Amazon.com

Maquetación y diseño de cubiertas: © Yamina El Faezi Bkhicha

Quedan todos los derechos reservados. No se permite la reproducción total o parcial de este libro, ni su incorporación a un sistema informático, ni su transmisión en cualquier forma o por cualquier medio, sea este electrónico, mecánico, por fotocopia, por grabación u otros métodos sin autorización previa y por escrito de los tiulares. La infracción de dichos derechos puede constituir un delito contra la propiedad intelectual (art.270 y siguientes del Código Penal)

Instagram @iman_azmani

© Imane Azmani Oualite

A mi media luna que ilumina mi vida y a la tierra que me sostiene en ella, mi familia.

Gracias por existir

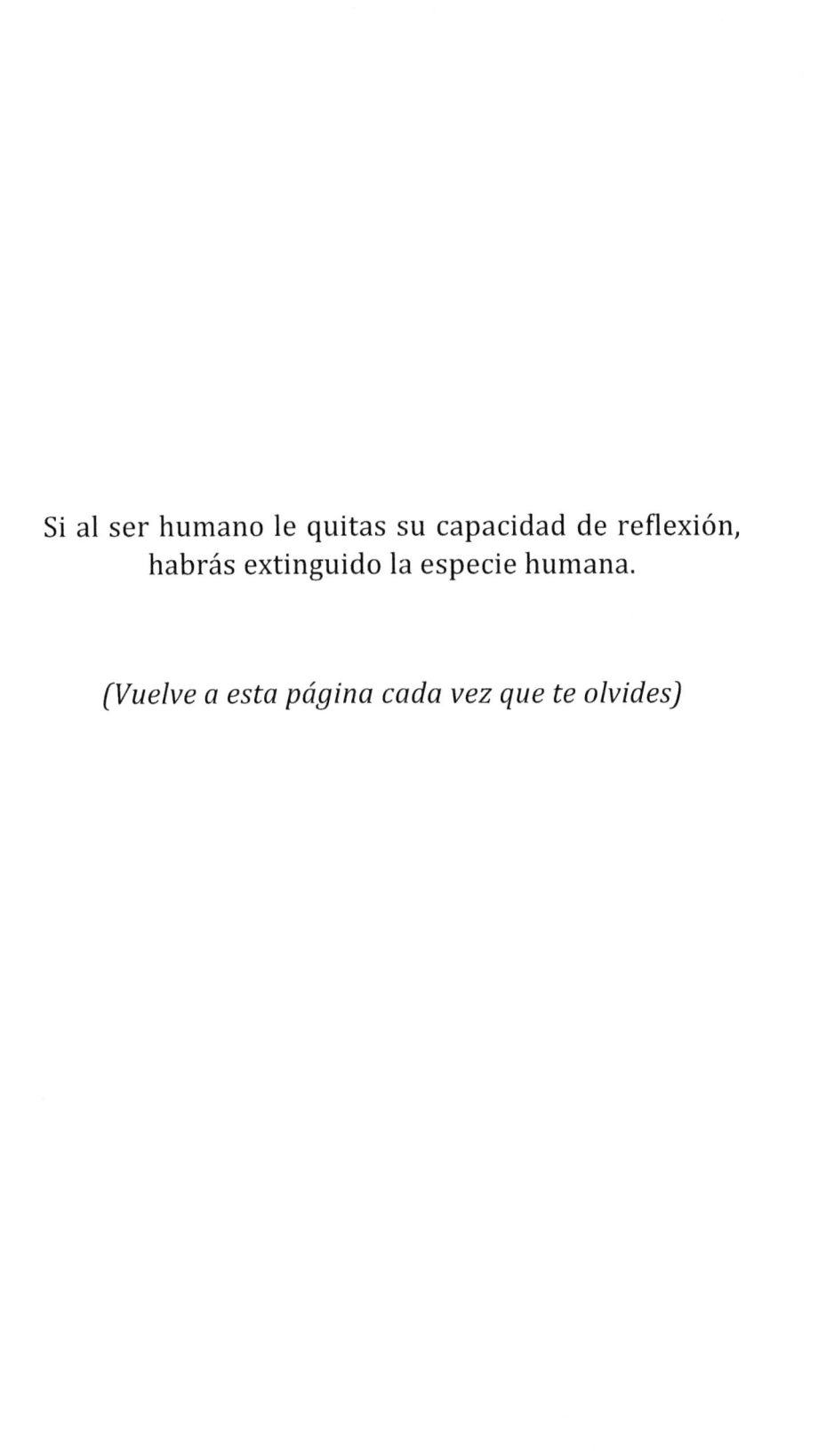

Si al ser humano le quitas su capacidad de reflexión, habrás extinguido la especie humana.

(Vuelve a esta página cada vez que te olvides)

LA SOCIEDAD EN TI

Vivimos como un montón, sin ganas de cambiar ni modificar nuestro entorno, como si fuéramos un árbol añejo dolido y desesperado sin nadie que lo pueda regar. No nos engañemos, vivimos una ilusión, una mentira de la cual no queremos despertar, pero imaginad el bien que haríamos en nosotros si llegáramos a sincerarnos y empezáramos a observar en vez de solo pasar y mirar. Porque yo no quiero desconsiderar el camino que traza mi generación, quiero observar cómo florece, cómo se desarrolla y cómo marcha dejando huella.

Una sociedad ejemplar es aquella que no tiene miedo al cambio, aquella que nunca acaba muriendo porque siempre estará en el recuerdo, brillando, marcando el paso del tiempo.

Y tú, tú eres mi sociedad y yo soy tu futuro.

PUPILAS

La próxima vez que alguien te cuente sus miedos, fíjate en sus manos, cómo las entrelaza sin consciencia. Aparta tu mirada si tienes miedo de contagiarte... de su miedo. Cuando cese y le dé por hablar de sus pasiones, sus sueños... clava tus pupilas en las suyas y *disfruta del viaje.*

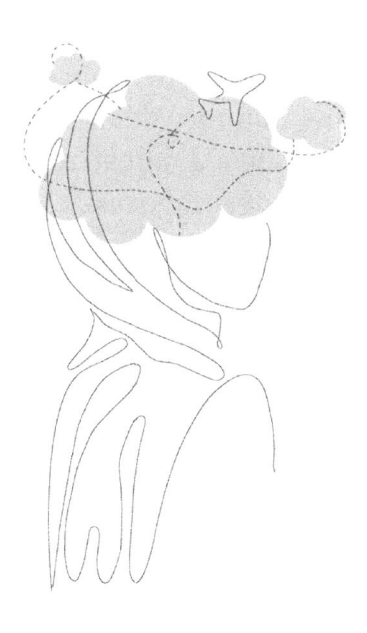

¿QUÉ ESCONDEN LAS PERSONAS "DURAS"?

No necesariamente debemos ser niños para pedir amor y cariño o para expresar nuestros caprichos. ¡Qué desgraciada la persona que cree que la vida adulta está destinada a la ausencia de sentimientos! La carencia de emociones y la mala expresividad de éstas tan solo nos llevan a la soledad y a la incomprensión, ¡y qué sola está una persona sin corazón!

Tal vez si compartimos la felicidad y las alegrías del día a día nos haga bien y nos despierte de esta gran farsa, que es la dureza. ¡Qué pobre esta alma y qué vacía esta vida! ¿Cuándo dejaremos de proyectar misiles de desesperanza a nuestro interior? ¿Cuándo obviaremos que ceder favores y regalar sonrisas no es cosa de débiles? Es más pobre quien, estando despierto, ha dejado pasar una vida y ha caído en la oscuridad de su orgullo que aquél que pide limosna para alimentar su humildad. Y la humildad es la esencia de las personalidades felices y seguras de sí mismas, porque lo duro como el hierro se acaba oxidando con el tiempo y lo blando y tierno perdura siempre, justamente por su ternura.

Seamos blandos con nosotros mismos, no caigamos en la desgracia. Y si piensas que únicamente los niños pueden permitirse caprichos, entonces sé un niño que, al fin y al cabo, deseamos lo mismo, el tamaño corporal no debería ser un obstáculo.

PD: En resumidas palabras, *las personas duras se esconden a sí mismas.*

AFÉRRATE A LA PERSEVERANCIA

Quien todo lo quiere con nada se queda. Si tienes prisa te acabarás perdiendo. Si eres paciente, sin embargo, te darás cuenta de los detalles que te hagan tomar el mejor camino. Y éste no siempre es el más corto. *A veces hay que cansarse para saborear el descanso*, hay que sujetarse fuerte para no caerse del acantilado.

Si uno pierde la cordura en sus pasos, por mucha altura alcance lo habrá perdido todo.

Solo la fe salvará esta sociedad.

DIBUJÉMOS(LO)

Si la vida estuviera determinada por el pasado, ¿cuántas almas se habrían ahogado en el recuerdo?

Si fuéramos carriles en la penumbra , ¿cuántos túneles haría falta construirse para no desesperarse?

Cuando es más fácil dejar que la vida dé las vueltas que quiera, mientras nosotros crecemos, aprendemos, amamos e intentamos a la vez olvidar.

Pero es difícil, lo sé. Pero la vida sigue en nuestros corazones, hechos pedazos por todas las traiciones sufridas; las lágrimas son testimonio de nuestro oculto interior.

Tal vez tengamos que cambiar de ojetivo para lograr tener una visión más nítida de nuestros pasos.

Si la vida fuera *dibujar el futuro*, ¿cómo sería el tuyo?

TESOROS QUE NO SE COMPRAN

No te das cuenta o finges no hacerlo, pero te has convertido en el descubrimiento de alguien. Eres como la manzana que cayó del árbol para iluminar una idea y dibujar un camino.

Y es tan valioso atesorar una persona y dedicarle un espacio inamovible que hasta las estrellas se regocijan cuando contempla en silencio tu belleza; si la fuerza de la gravedad es tan fuerte como para mantenernos de pie, tú lo pones todo patas arriba y aún así, eres capaz de mantenerle sujeto a ti.

Sus ojos le agradecen cada vez que te mira; y su alma se sosiega cuando te piensa, o cuando compartís un par de sorbos de café en la terraza... una tarde, siendo la *golden hour* cuando muchos presumen de semejante filtro natural y él no puede deshacerse de ti.

Absorbido en tu imagen, seducido por tu luz..

LA CANCIÓN DE LA VIDA

Me quité los auriculares para escuchar la vida cantar y me decepcioné cuando alguien intentaba enterrar sus orígenes, lengua, cultura, identidad... ¡su Yo! ¿Qué se le debe pasar a uno por la cabeza cuando hace semejante acto? ¿A caso no siente vergüenza por desnudarse? Etiquetarse con muchos otros nombres...menos el suyo.

¿Por qué deberíamos escondernos por ser diferentes? ¿Por qué deberíamos tolerar que desgarren nuestras raíces? ¿Por qué? ¿Por qué debería avergonzarme ser multilingüe?

La diferencia es para la supervivencia, porque de ser todos iguales se habría dado la guerra de todos contra todos que Hobbes temía.

Y yo no me pienso desnudar; no pienso callar la injusticia que está sufriendo la lengua y lo de enriquecedoras que son todas ellas, no pienso deshacerme de mi propia identidad, de todos los complementos que me aporta mi realidad, con la que he nacido y con la que quiero enterrar conmigo.

Me volví a poner los auriculares, la Playlist estaba apagada, pero yo fingía emocionarme con la canción de... la vida.

JUZGAMOS DESDE NUESTRA ZONA DE CONFORT

Confundimos maldad con egoísmo y eso hace que perpetuemos nuestra argumentación para juzgar extensa y libremente sin apenas razón.

Brevemente, la maldad es una actitud que puede tomar una persona respecto a otra y que tiene como finalidad dañarla. El egoísmo, en contraposición, es una actitud cuyo objetivo es anteponer su propia persona sobre la otra sin ocasionar daño alguno.

Se espera que tengamos una opinión sobre cualquier hecho que acontezca y quien no siga esta tendencia se le tacha de indiferente, ignorante o insensible. Pero ojalá quienes opinaran lo hicieran con juicio y justicia, porque para llenar espacios en los diarios sobran candidatos.

¿Por qué juzgamos desde nuestra zona de confort? Porque es fácil, gratuito y entretenido. Si juzgar costara un riñón tal vez nadie se interesaría por tal negocio.

Si te preguntaran a quién de los tripulantes de un barco a punto de hundirse salvarías, diles sin miedo: a mí mismo. Independientemente del lazo que tengas con los tripulantes, si no te salvas a ti mismo no podrás salvar a nadie, porque para salvar hay que salvarse primero.

En cuestiones de supervivencia no podemos especular nuestras acciones, porque no olvidemos que somos seres naturalmente egoístas, y prefiero una sincera confesión a una falsa heroicidad.

Sea cual fuere tu reacción en un contexto de compleja dificultad es respetable, ¿porque quién soy yo para imponer mis convicciones sobre ti?

DEJAR RASTRO

Me sanó las heridas el fugaz momento en el que todo quedó oscuramente destellado. Y yo quedé perplejo ante tal destrozo, ante tal insignificante cuerpo, yo. Me saturaron las experiencias y me perdí en una esquina, lejos de la ciudad, lejos de mi hogar. Pero yo ya me encontraba perdido antes de haberme fugado, porque quien escapa no tiene destino, porque quien escapa de su destino no tiene adonde ir.

Y en esa oscuridad oí voces que me protegieron de todo el daño que me hice, era culpable y seguía haciéndome la víctima. Pero me reconocí en ese frio glacial y creí que a nadie le importaría luchar por mí. Pero alguien pensó en mí sin apenas luchar.

Seguía con los ojos cerrados cuando sentí el roce de alguien. ¿Estaré soñando? ¿Por qué me cuesta despertar? La frustración me dejó sin habla, pero mi corazón seguía latiendo, estaba vivo.

Entonces entendí que necesitaba desintoxicarme un rato de esta vida, entendí que las oportunidades están mientras las tengamos en cuenta. Porque nunca es tarda hasta que te vas sin haber hecho aquello que te hace feliz y te beneficia.

Y si yo me voy ahora, ¿qué quedará de mí?

Nos emociona ser recordados
en estos tiempos tan ajetreados.

NADIE ES COMO PARECE HASTA QUE LO DESCUBRES

La belleza de quien escribe se esconde en la incertidumbre que te transmite cuando te pierdes entre los términos que trata de embellecer, pero sin distorsionar su sentido, para confundirte todavía más, cuando *no sabes en qué párrafos miente y en qué otros se desnuda a la luz de tu entendimiento.*

Y es cierto que algunos escriben para olvidar sus pesadillas y otros justamente para revivirlas y decir, con orgullo, que se han superado.

HAY PRINCIPIOS INCUESTIONABLES

Habrás madurado cuando una vez te hayan traicionado, no te sientas culpable por creer haber fallado, darle mil vueltas al asunto porque tal vez no les hayas dedicado el tiempo necesario. Pero no es por cuestión de tiempo que las personas traicionan, es por una mala gestión de sus principios. Quienes te han fallado, primero han tenido que fallarse a sí mismos.

Se justificarán gritando, creyéndose en lo cierto, pero las palabras no por decirlas más alto se convierten en verdades. No serás mejor ni peor persona si no perdonas un engaño, serás tú. Y es suficiente con que te seas sincera sin poner el bienestar de los demás por encima del tuyo, recuerda que tu paz interior será la iluminación de tus días que te permitirá sobrellevar cualquier sacudida. Pero sin ella, estarás acabada.

Aprenderás a filtrar las relaciones y a mantener únicamente las reales. El tiempo te hará de maestro, pero no seas traviesa y pienses saber mucho más que él, pues ha vivido antes y seguirá viviendo después de ti. Hazle caso al corazón también, cuando lo sientas algo delicado, tal vez se esté cansando de soportar lo insoportable. Y cuando llores no te creas vencida.

Pero si no sabes qué hacer con quienes te han traicionado, tampoco tienes la culpa. Pues no te prepararon para ello, una crece pensando que traicionar es pecado, y así es, pero no todos sabemos lo mismo. Algunos necesitan vivirlo para darse cuenta de que existe. Otros lo pueden entender sin apenas cicatrices en sus pieles.

Pero tú, *no te engañes nunca para complacer a otros.*

SENTIMIENTOS ENCONTRADOS

Acabé rendida porque me di cuenta de que a veces, más vale aceptar la derrota y aprender de ella que morir cada día alimentando mi ego, que a fin de cuentas no me enseña nada nuevo.

Y así acabé enamorándome de tus modestos gestos, que me invadían los sueños cada noche y se metían en mis pensamientos sin permiso alguno. Pero me acabé enamorando de la firmeza y sinceridad de tu mirada y la delicadeza de tus palabras, tratando acertar para dar otro paso más hacia mí a la vez que, tratando de mostrar tu inocente pureza.

Y yo que pensé que ya te había rechazado con mi glacial mirada y tú que siempre correspondías con una más cálida.

Me tembló el pulso el día que me soltaste sin pensar, como si fuera una obra de teatro improvisada, que me amabas y que me estuviste amando todo este tiempo en silencio.

Mentira. Aunque también tienes algo de verdad.

El *amor silencioso* que dices haberme confesado se dejaba entrever con sonrisas y miradas robadas, pero verdad que para mí todo era motivo para hacerme más la dura contigo. Temiendo rendirme ante ti...y qué tonta fui...porque lo acabé haciendo, pero con mucho gusto.

Quién lo diría, ¿verdad?

ERES TÚ

Te quiero con todos mis sentidos, incluyendo el séptimo que solo nosotros tenemos. Te quiero en la distancia y cuando te tengo cerca...te quiero igual de mucho.

Si de noche ves mi sombra reflejada en las aguas de tu palacio no te asustes, soy yo buscando mi cobijo. Y cuando despiertes por las mañanas sigue los pétalos de tu habitación, te llevarán a lo más profundo de mi corazón.

Te quiero con todas mis debilidades y fortalezas; ojalá estar siempre acompañado por ti . No quiero caer en el olvido, morirme en tu indiferencia, destruirme los sueños...no quiero nada de eso. Eres suficiente para los dos, eres el ala que no podía mover, la luz que perdí y andaba buscando, la ilusión de vivir, el marcapasos de mi andar. Eres tú, ¿acaso tengo que explicarte más?

Eres tú y no sé si te merezco.

TENEMOS QUE HABLAR - Iman.A.

UN ABRAZO A DISTANCIA

Porque todos esos abrazos que di fueron para ti, en cada uno de ellos percibía tu aroma y abrazaba con más fuerza. Porque a pesar de la distancia, a pesar de tanta tierra que nos separa, todos mis abrazos son para ti.

Y si rompo a llorar no me creas débil.

SEÑAL DE SUPERVIVENCIA

No me da miedo el rechazo de un desconocido, me preocupa más el rechazo de alguien que dice quererme hasta que la muerte nos separe y luego, cuando evoluciono, progreso, maduro, aprendo, me conozco veo que las palabras se las llevó el viento.

Yo soy diferente a ti, y tú, por supuesto, lo eres a mí. Ni yo conozco las adversidades y las pruebas que has tenido que combatir, ni tú sabes el océano que escondo y en el que naufrago en solitud. Aunque los ojos sean la mirada del alma, ésta sabe fingir cuando está rodeada de otras. En la intimidad nos conocemos, destapamos la máscara que pueda cubrir nuestro corazón y nos adentramos en él para hacerlo compañía, para hacernos compañía. Los latidos que deja oír, además de ser señal de vida, también son señal de supervivencia. Y por muchas capas lo recubran el calor viene de fuera, el consuelo está en cuando nos miramos al espejo y nos hablamos. Que tú me aceptes o no, es cosa tuya. Pero si las personas que una vez me dieron cobijo se apartan, la persona que se enfría soy yo. Y a mí me dan miedo los extremos, ni el frío glacial me soporta ni el calor infernal me aviva.

Pero si algo enseña la supervivencia es a continuar el recorrido, con o sin compañía. Porque la evolución personal se caracteriza por su aspecto cambiante y la madurez es logro de unos pocos. En cuanto a la felicidad y a la confianza en uno mismo no se asemeja en nada a lo detallado, es un regalo divino en el que pocos paramos a reflexionar. Y la felicidad no se mide en propiedades materiales y si para ti esa es la felicidad, ¡lástima! Pues tu felicidad entonces es temporal y *qué poca gracia tiene tu empeño a ser feliz si luego admites que no lo volverás a ser.*

Por eso el rechazo que pueda tener de ciertas personalidades es de poca importancia, pero de otras puede significar un hoyo del cual no sepa salir, a menos que Quien me dio la felicidad me la instaure de nuevo en el alma.

ENTRE DOS SIGLOS

Nos hemos conocido en un mundo tan pequeño, entre dos siglos, dos épocas y una realidad.

Hemos coincidido en cada otoño, cada eclipse, tras cada arco iris. Y lo mejor de todo es que seguimos perdidos creyendo habernos encontrado en una llamada, en un chat erróneo...

Lo cierto es que nos hemos visto en otra temporada de la vida; tal vez en el hospital...al nacer.

EL AMOR ES PARA VALIENTES

Te equivocas si crees que me estás haciendo un favor al corresponder a las robadas miradas, de vez en cuando, entre las gentes. No escogí esbozar en mis sueños tu fragancia, como amapolas, en un campo desierto cuya única agua es nuestra coincidencia. Me parece patético tu veredicto, ¿debías ser tan materialista? ¿por qué no eres como los girasoles, que, siendo deseados, prefieren permanecer libres bajo la luz del sol a ser arrancados bajo los ojos de un amante? Si supieras de criterios, hubieras enaltecido tu belleza y dejado amar por quién eres. Si supieras diferenciar entre deseo y amor, te hubiera salido mejor la cuenta, pero escogiste ciegamente sin preguntar acaso a los dotados de intelecto. Esto es, erraste al pensar que me hacías favores al corresponderme en intermitentes situaciones, pues me hacías ver que tu raíz era más débil de la que imaginaba. Deseé que fueras diferente a lo que descubrí, pero prefiero mil veces haberte conocido de lejos que caído en tus frágiles pétalos, aparentemente singulares.

Te equivocas si sigues creyendo que sigo durmiendo gracias al recuerdo de tu aroma, pues mi olfato ya no distingue entre vientos y mi mente vaga ya sin soporte por los carriles de la vida. No te equivoques más pero tampoco me esperes, pues lo que se arranca

con fuerza y sin piedad no se puede volver a cultivar.
¡Y qué decir del amor, qué decir del amor...!

PRIMEROS CONTACTOS

¿Realmente el primer amor cuál es?

Reconozco en mi vida varias personas del pasado que han aportado su granito de arena en mi evolución personal; algunas de ellas fueron tan solo nombres, pero otras se han convertido en huellas que sin querer siempre recordaré sonriendo, aun cuando esté hundida en lágrimas.

¿Mi primer amor es aquella persona que me regaló la pulsera de su mamá? ¿O aquella que me tendió la mano cuando todos se burlaron de mi tropezón? No los sabría diferenciar porque ambas me dedicaron su tiempo. Tampoco olvido aquella persona que compartió su bocado conmigo en mis peores momentos, como si ese trozo de pan fuese a disipar mis penas...lo cierto es que, me provocó tal conmoción que sigo recordando su sabor como si fuera hoy mismo; ¿esa persona también sería mi primer amor?

Las miradas que me han protegido, los abrazos que me han erizado el alma, las palabras que me han sosegado, los consuelos que me han regalado, los consejos que me han enseñado, las caricias que me han arropado, las noches que me han cuidado y los días que me han hecho renacer... ¿todos ellos también serian mi primer amor?

Antes de responder deberíamos definir el amor. Luego, sí, todos fueron mis primeros amores, mis primeros contactos.

Y ojalá yo haya sido su primer contacto.

DESCONSOLADA

No me sorprende tu actitud, me sorprende la mía al permitirte la opción de *herirme*, una y otra vez.

ERES UN ANIVERSARIO EN EL CALENDARIO DE MI EXISTENCIA

No, no voy a ser egoísta e insensato y decir que no has aportado ningún bien en mi vida. Estaría engañándome a mí mismo tratando de ofenderte a ti. Lo cierto es que me has querido, léelo en silencio si así lo prefieres porque sé que te da miedo decírtelo en voz alta. *Tememos aquello que desconocemos.*

Pero no erraste en tu amar, no cometiste un crimen al corresponder a mis sentimientos, todo lo contrario; te liberaste de tus cadenas que te impedían conocer nuevas emociones por miedo a caer. Qué ridículo, como si no fueras a caer nunca. En el amor o en otra parte, caerás seguro porque nadie vuela asegurado, todos dudamos y, cómo no, todos nos equivocamos. Pero te pido por favor que la duda no te consuma, que no te quite las alas para seguir descubriendo y seguir viviendo. Y sobre todo que no te impida querer de nuevo.

Te ofrezco mi mano para lo que necesites, para que no vuelvas a mirar más atrás. Y me alegrarías la existencia si decides continuar tomando mi mano hasta que nuestros cuerpos toquen tierra sepultados.

CUANDO CASI TE PIERDO

¿Por qué tenemos que fingir algo que no sentimos? ¿Por qué tenemos que fingir ser fuertes, cuando nos morimos por ser abrazados y hundir nuestros rostros en hombros que querrán secar nuestras lágrimas? ¿Por qué no se puede caer siendo fuerte?

Yo decido llorar, *yo decido ser mi persona real* en cualquier circunstancia de la vida.

Si vuelvo a perder mi corazón,
espero que seas tú quien lo encuentre.

Y AUNQUE NO NOS ACABÉIS RECIBIENDO SABEMOS QUE NOS ESTÁBAIS ESPERANDO

Lo que nos reconforta es saber que hay alguien que nos espera, alguien que va a abrirnos los brazos a su encuentro y que, a pesar del tiempo y la distancia, nos sabrá volver a acoger con la misma calidez de la primera vez, con el mismo sabor de los primeros encuentros, con la misma nostalgia del último abrazo y la misma emoción de la primera despedida.

Y por muy largo se haga el camino de vuelta, saber que alguien no duerme esperándote es suficiente para soportar el vago movimiento de las agujas del reloj.

Y por eso, el recuerdo de los detalles más triviales hace más amena la espera, y a pesar de no tener garantizada la llegada te adelantas a los hechos y te emocionas cuando imaginas las caricias y las lágrimas de bienvenida.

¡Bendita imaginación! ¡Bendita ilusión temporal que transita la mente en momentos de desesperación! ¡Bendita sea la pequeña luz que alberga el túnel de oscuridad!

TENEMOS QUE HABLAR - Iman.A.

El JARDÍN INTERIOR

A veces, cuando incluso no has recibido amor de otras partes, te las arreglas para dar amor en todas partes. Como si ese amor que fueras a dar fuese la prueba de que sigues viva, ámandote a ti sobre todo y por encima de cualquier herida. Como si ese amor fuera el resultado de años de autocultivo; frutos envueltos de colores marchitos, opacos y apenas visibles, pero con sabores agridulces y adictivos.

No te das cuenta hasta que te encuentras rodeada de brazos ajenos que te piden reciprocidad, pero tú no entiendes de eso, nunca te han enseñado a corresponder, aunque has aprendido a dar para no herir. Y de alguna forma, te sanaron cuando te creíste vencida por el miedo a descubrir, y te descubriste, permitiste que alguien invadiera tu jardín interior, aquél que ya habías confesado ser el laberinto más difícil de cruzar. Pero lo decías a modo protección y terminaste en otro corazón, aliada a tus sentimientos, aquellos que fuiste tejiendo, aquellos que tú misma te enseñaste porque nadie se ofreció en primer lugar a regalarte.

Triste o no, es bonito darse cuenta de que tienes corazón y decides utilizarlo.

¿QUIÉN NO IBA A QUERER SER MUJER SI PUDIERA ESCOGER?

Es como si la mujer fuera tan solo un cuerpo, una figura, una vagina, un momento, un placer temporal, un vacío. Es como si la mujer no fuera inteligencia, belleza, riqueza, sentimientos, poesía, alma. Es como si a la mujer le fuera prohibido expresarse de la manera que prefiera. Es como si la mujer no tuviera color, fuera invisible, alguien sin importancia, redundante su existencia.

Pues bien, señores; la mujer es el principio de la educación y la humanidad, del amor y el respeto, de la compasión y la empatía, y sobre todo del progreso en la sociedad.

La mujer tiene un lugar en la tierra y en el cielo.

DESÉATE PAZ LA PRÓXIMA VEZ

En realidad, el esplendor de una vida humilde y sencilla es frente a la lujuria una bendición incesante. Algo así como una fuente de materiales preciosos que persiste en el tiempo sin interrupción alguna, algo así es ciertamente la belleza del día a día de una persona viva como tú o como yo, cada uno diferente viviendo por igual una realidad delicada, sin embargo, apreciada.

Ojalá fuéramos igual de sensatos que libres cuando escogemos el camino a recorrer; las espinas a pesar de tener mala fama son bellas y protectoras, las pequeñas grietas permiten respiros que sin ellas serian ahogos sin salida, los muros son sin duda una barrera pero también una oportunidad para repensar los diferentes senderos a barajar, los abismos son obstáculos para seguir los pasos de un andante pero un puente para tomar un vuelo con previa carrerilla, los malentendidos pueden resolverse incluso llegando a ser igual de complejos que las redes neuronales pero el poder... una vez que se tiene es difícil volver atrás.

Y no siempre el poder es sinónimo de felicidad, la autoridad puede salir cara cuando se pierde la cordura durante su conquista, el camino a él es como un laberinto botánico con bonitos rosales en cada esquina, aun sin saber qué esconde el siguiente rincón. No es la realidad de sus vidas las que nos deberían inquietar sino su forma de maquillarla con insuficiente habilidad, son sus falsas sonrisas las que rompen miles de corazones a la espera de degustar similares riquezas. Son las mismas personas que crean falsas ilusiones alimentadas a base de falsas apariencias.

Somos muy inocentes cuando creemos todo lo que vemos e incluso aplaudimos todos los actos benévolos que se celebran en nombre del humano empático, pero nos engañamos cuando colocamos a todos en la misma casilla; darle el mismo grado de veracidad a los diferentes tipos de poder es como decir que todas las aves vuelan. Nos creemos conocedores del futuro y seguimos desconociendo el motivo de nuestras diferencias, porque sobre cada uno recae la responsabilidad del uso de su libertad y autoridad, pero olvidamos la tortura que pueden suponer susodichas bendiciones.

Encontrar la felicidad en los pequeños detalles no debería ser complicado ni tedioso, es más, debería ser motivo de orgullo y regocijo frente a una vida llena de reuniones sin enlaces y cenas sin sentido. Los elementos necesarios para percibirla, además de un corazón sano, son el tiempo para dedicarse a sí mismo, el tiempo para dedicárselo a quienes queremos y nos quieren y el tiempo restante y no menos importante para conocer el Creador de la misma felicidad.

El poder que pueda tener una figura pública sobre un pueblo no debería ser envidiable a estas alturas del discurso, más bien sentir compasión por dichas almas que dejaron de saborear la libertad de ser en su intimidad e individualidad los seres reflexivos que somos.

Y quien en su rango social más elevado consigue romper las cadenas de la monotonía merece ser llamado líder de la sensatez.

Somos de quienes nos tienen siempre en cuenta.

EL PRIMER AMOR NO SIEMPRE ES EL ÚLTIMO

Se había enamorado de alguien con los días contados para partir, se había prometido a sí mismo no hacerle daño todo ese tiempo que le quedase, quería despedirse de ella con una sonrisa, por eso se tragó las lágrimas, se tragó el dolor y todo lo contenido le hizo pagar factura; acabó estallándose sin poder reconocerse en el espejo. No entendía por qué tuvo que enamorarse de alguien que le avisaba que debía irse al otro mundo en muy poco tiempo, y él insistía en hacerla feliz cuando la felicidad la mataba a contrarreloj.

Cuando partió se dijo que se había comportado como un egoísta porque nunca pensó en ella, siempre pensaba en crear recuerdos para guardarlos y tenerlos presente cuando la echase de menos. Aunque ella le sacaba siempre de dudas, le confesó que nunca había estado más feliz incluso sabiendo que se estaba autolesionando, contenía un corazón que no podía permitirse amar, se estaba deteriorando y lamentablemente el destino lo colocó en un cuerpo joven que deseaba vivir su primavera.

Y en su lecho de muerte le juró que sería siempre su primer amor y que nadie podría remover su recuerdo de su mente. Aunque le hubiera gustado jurarle, a esa edad, que la haría la mujer más feliz y afortunada de la tierra.

"Dicen que cuando ya lo sabes lo vas asumiendo con el tiempo hasta que llega el minuto en el que se va la persona. Yo nunca he sabido prepararme para este momento, siempre he tenido miedo a perderte y el día que me dejaste perdí el miedo y me invadió el vacío. No me enseñaste a vivir sin ti, ¿cómo piensas que lo vaya a aprender ahora?

No sé quién hizo más daño al otro, pero te perdono para que puedas marchar tranquila al cielo. Iré asumiendo, ahora que ya no estás, los días sin ti".

¿HASTA QUÉ PUNTO LA LIBERTAD ES LIBRE?

Si alguien habla en tu lugar, sobre algo tuyo y personal es porque ha encontrado una vía de entrada. Si alguien habla sobre ti sin permiso ni modestia es porque se lo has permitido. Suena absurdo porque *somos muy defensores de la libertad de expresión y la libertad ilimitada que, por cierto, es una ilusión mental.*

Me detengo en la libertad que por muy vasta parezca es finita y termina donde empieza la de la otra persona. Parece muy teórico porque el ser humano se ha acostumbrado a creerse superior a otros seres vivos. Y no solo eso, sino que hay de entre los humanos, quienes se creen superiores a sus iguales. Siempre me he preguntado bajo qué criterios uno se percibe superior o inferior a otro.

Nadie puede hablar sobre ti sin ti y no es una teoría que pueda ser modificada o reemplazada con otras observaciones, es una realidad inamovible. Solo piensa, ¿quién es dueño de tus pensamientos y emociones? ¿quién se debate continuamente entre decisiones desde insignificantes hasta vitales? ¿quién ve con tus ojos y siente con tu corazón? ¿quién eres para tener tantas voces que externalicen tu interior?

¿eres ellos? ¿ellos son tú? o ¿eres tú?

CONSEJO (I)

Antes de hacer daño a nadie ten en cuenta las consecuencias. Ten en cuenta que tu corazón pasará a ser una olla bajo presión, que tu respiración sufrirá cortocircuitos, tus sueños serán invadidos por las más terribles pesadillas y tú seguirás vivo, viviendo todo el daño que has hecho.

Antes de hacer daño a nadie ten en cuenta que nada volverá a ser igual. Ni tú ni esa persona.

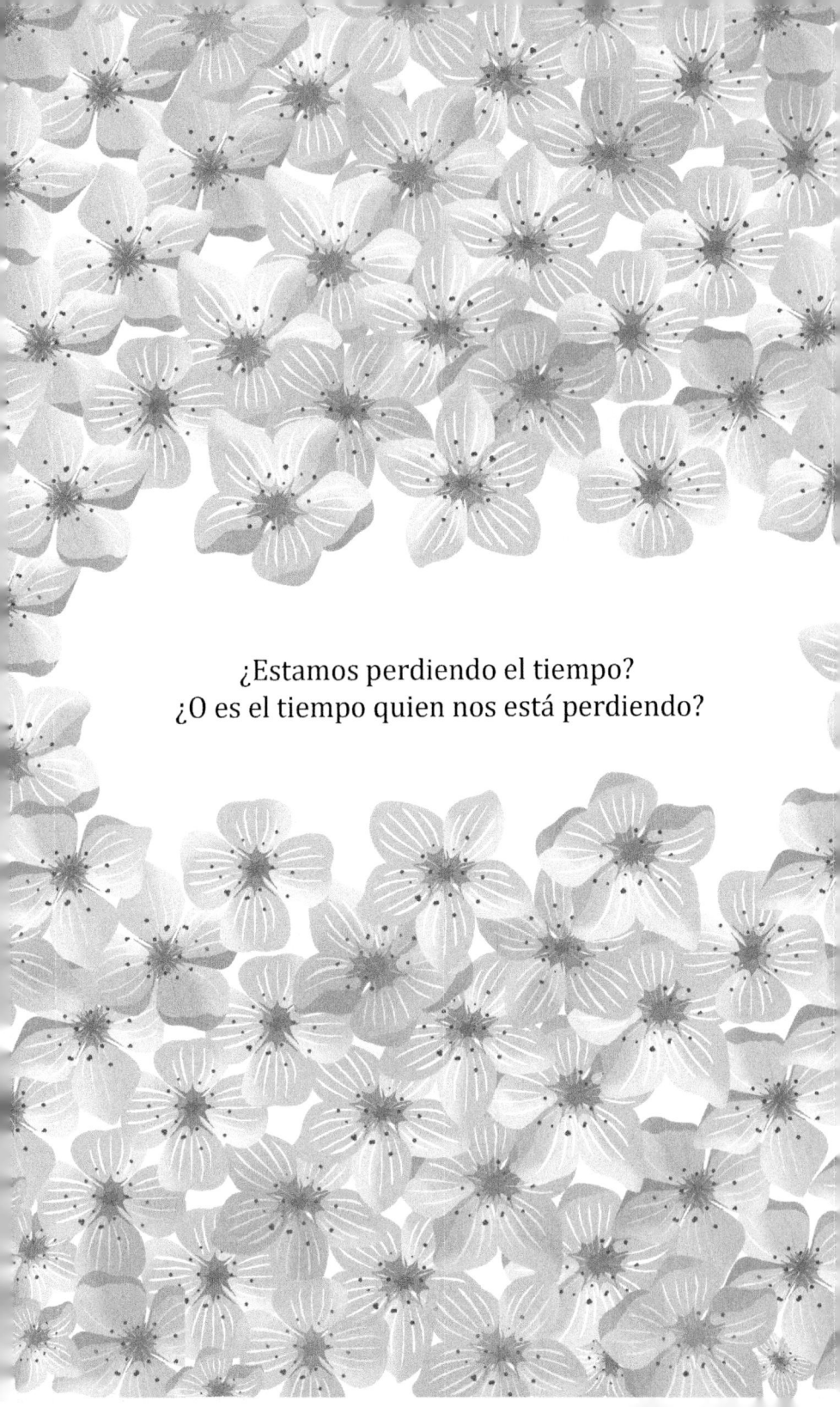

¿Estamos perdiendo el tiempo?
¿O es el tiempo quien nos está perdiendo?

CONSEJO (II)

Si quieres *enamorar a alguien* que sea para siempre. De lo contrario, ni se te ocurra.

¿CUÁL ES TU DISCURSO?

Un discurso de amor genera amor, uno de esperanza transmite esperanza, otro de simpatía genera simpatía, otro de valentía transmite valentía y un discurso de odio genera odio. Si la base en la que se asienta nuestro pensamiento y procesar está llena de amor, nuestra mente será abierta y dispuesta a valorar cualquier igual. Si por el contrario hemos sido alimentados a base de ideas que difunden el odio, que no nos extrañe nunca vernos metidos en una red donde alcanzar el amor nos parezca misión imprudente.

Un discurso de odio no es jugar a un videojuego violento. Es de hecho matar la humanidad y la empatía natural con la que nacemos.

Por eso si uno quiere odiar que lo haga sin interferir en la paz mundial; los seres humanos desde nuestros orígenes preferimos movernos con amor.

¿QUÉ TAN REAL ES EL DOLOR?

¿Qué es el cuerpo sin alma? ¿Qué es el alma sin cuerpo? ¿Es la inhibición de la transmisión dolorosa un mecanismo de defensa para su interrupción en su trayectoria hacia el interior? *¿Cuántos años se necesitan para conseguir la inmunidad de por vida ante el sufrimiento?* ¿O es que del sufrimiento no se puede escapar por sus formas variantes en las que aparece?

¿El dolor frente la aniquilación del cuerpo es menos reprochable? ¿Hasta qué punto somos capaces de evadir una emoción con tal de no recordar la angustia que haya podido provocar la desolación? ¿Las percepciones que hacemos de las diferentes vivencias nos benefician para atenuar la realidad? ¿Será el sentido de nuestra percepción lo que le da vida a la vida? ¿Sin una adecuada canalización de los sentimientos podríamos sobrevivir a la escasez mundanal? ¿Nuestros vacíos condicionan las relaciones que aceptamos o son las relaciones las que determinan los vacíos?

¿Qué tan real es el dolor? ¿Es acaso una realidad evadible o una pesadilla de la que se es incapaz de despertar? ¿Qué opción escoger si las únicas que se ofrecen son una vida humillante frente una pesadilla desconsolante?

¿Es la deshabituación al uso de la razón una vía de escape al vacío existencial?

¿Es peor dejarse vencer por el deterioro interior o dejar de cultivar la esperanza en este mismo interior?

LA CARTA QUE ME DEVOLVIÓ CORREOS

Buenas, no sé si te acuerdas de mí, pero no te preocupes que yo te haré recordar. No voy a preguntarte que tal estás porque me dijiste que estarías muy bien sin mí. Y ya lo estás. Por lo tanto, estás bien. Te escribo por aquí como en los viejos tiempos porque no tengo tu número, bueno no sé si lo recuerdas, pero lo cambiaste para alejarme de ti.

Muchas cosas han cambiado desde que te fuiste, pero por mucho que las cosas sean diferentes mi amor por ti sigue intacto. Parece mentira después de tanto daño, pero mi corazón te ha escogido para no dejarte nunca. ¿Te acuerdas de él? De nuestro primer hijo digo. Yo recuerdo completamente cuando me pediste de madrugada que comprara helado porque nuestro niño lo pedía desde tu vientre.

No te lo dije, pero tuve que despertar al vecino para que me prestara dinero para poder comprártelo. Ya sabes, tus gustos son muy caros y yo nunca he podido satisfacerte del todo. Nuestro hijo cuyo nombre lo oíste en un sueño y desde entonces lo tenías claro; Cris se iba a llamar. ¿Te acuerdas cuando nos desordenaba la cama de buena mañana? O de noche cuando nos cantaba con sus gritos que nos amaba tanto que no nos iba a dejar dormir. Son tantos momentos que tengo que recordarte...que me entristece saber que solo yo los recuerde. Desde que te fuiste todo ha cambiado. Y nuestro hijo también. Ahora ha crecido y no sabe obedecer, de hecho, le gusta mandar. Ya no es el niño tierno que nos besaba o tomaba de nuestras manos... desde que te fuiste no ha querido apoyarse sobre ningún hombro ni cogerse de nadie. En realidad, os parecéis mucho, tenéis el mismo carácter e incluso os gusta marchar sin avisar.

¿Sabes cuál es la pregunta que me he hecho infinitas veces desde esa mañana? ¿Por qué? No puedo preguntarme nada más, ¿por qué has tenido que derribar nuestros sueños? ¿Si desde un principio planeabas irte por qué te permitiste llamar a mi puerta? Aunque el reproche recae sobre mí al dejarte entrar sin tomarme el tiempo para analizarte.

Te escribo con cariño y lamento haberte conocido y querido. Te escribo porque te extraño a pesar de todo. Después de todo el daño me quedo con los momentos más bonitos, me quedo con tu sonrisa, con tu consuelo, con tu paciencia, con nuestro hijo, con nuestro pasado. No te extrañes, no estoy loco. Es poco posible odiar a quien una vez fue motivo de tu felicidad.

Te escribo porque te he querido.

SOMOS FRÁGILES, ¿Y?

Somos tan débiles y frágiles que cuando alguien nos abraza sentimos recomponer las piezas de nuestra alma. Y no está nada mal sentirse frágil cuando realmente lo sientes, lo que está muy mal es fingirlo y dejarte romper por tu ego. Porque cuando expresas tu debilidad no estás gritando que te sientes inferior a los demás, estás suplicando por ayuda a unos seres igual de débiles que tú. Y quien se crea superior es el más inferior de todos, es aquel cuyo corazón está enterrado bajo el mar, a muchos kilómetros de la luz y a pocos de la oscuridad.

Por eso, antes de enseñarnos a restar y sumar, deberían enseñarnos a ser nosotros mismos y dejar ser a los demás. Enseñarnos a ayudar, a recuperar fuerzas, a subir cimas, a rellenar vacíos y a dibujar sonrisas. Porque sumar y restar lo sabremos hacer tarde o temprano, pero lo demás como no lo tengamos consolidado e integrado desde nuestros inicios seremos los más miserables del Universo.

Somos frágiles, ¿y qué pasa?

NOS NECESITAMOS CONTINUAMENTE

Hay entornos familiares que no acostumbran a expresar el amor mutuo que sienten, y es lamentable, porque la sonrisa que te pueda provocar un ser querido es cura para muchas dolencias.

¿No es maravilloso pensar que nosotros también podemos ser cura para muchas personas?

Ahora mismo
estás ocupando el pensamiento de alguien.

REEDUCARNOS

Nos han enseñado desde siempre a cuidar de los demás, a respetar el espacio personal de nuestros amigos, a guardar los secretos, a no mentir, a ser fiel, a no perder el juicio estando enfadados, a no agredir ni abusar a los más débiles, a no burlarse de los defectos ajenos, a no hablar de los errores de otros, a no malinterpretar los hechos, a no meterse en donde no nos llamen, a ser buena persona y un largo etcétera que no acabaría.

Nos han enseñado, y qué bendición que así sea, nos han educado para poder convivir con los demás en un mundo finito. Pero no me satisface. He tenido que reeducarme a mí misma, enseñarme de que yo también merezco todo esto. Merezco cuidarme y respetarme, serme fiel y no mentirme, confiar en mí y alimentar mi autoestima con palabras bonitas, a quererme tal cual soy y mejorar en mis defectos sin caer en depresión, estar en paz con mi alma y vivir en calma.

No ha sido un error puntual de nuestros padres, ha sido un error que lleva arrastrándose desde los inicios de la vida y que nos ha llegado mutado hasta nuestros tiempos, haciéndonos creer que somos lo último en quien debemos pensar. Cuando es totalmente opuesto, ¿si no estamos sanos cómo podremos sanar nuestro alrededor? ¿Si no estamos en paz con nosotros mismos, cómo podremos estarlo con el mundo? ¿Si no aplicamos todas esas actitudes en nosotros, cómo vamos a gestionarlas con los demás?

¿Si nos vamos a olvidar de nuestro propio ser, como vamos a acordarnos de otros?

TU IGNORANCIA, TU RESPONSABILIDAD

No es solo ser reconocidos, sino también ser escuchados. Porque somos una comunidad social no podemos evitar ser mirados por otros ojos, ser puestos bajo supervisión permanente por muchos otros. Nos agrada ser bien recibidos, y si puede ser, incluso, caer fenomenal a quien nos dirigimos. Pero si fuéramos a gustar a todos quienes nos rodean, seríamos tan solo títeres con varios rostros disimulados.

Si me vas a reconocer como la persona que soy, escúchame. Si tan solo vas a suponer conocerme, entonces no necesito ni tu palabra, ni tu escucha. Tan solo necesito que mires hacia otro lado, hacia ti por ejemplo.

Suponemos la mayor parte del tiempo, y así creemos que vamos a conseguir conocernos. No sé por dónde va a entrar la persona si has bajado incluso las persianas. No solo debes fijarte en lo que dices, sino en lo que insinúas con tus gestos.

Es la espinilla que nos incomoda, esa curiosidad que no nos llena.

Hay muchos focos que iluminan, si sólo pudiéramos entender que son giratorios, dejaríamos de perseguir las ambiciones que otros se construyen y empezariamos a trabajar más en nuestros propios sueños.

Y si nos van a vigilar entonces, que lo hagan, les abriremos la puerta para que aprendan y progresen.

TEJIENDO EMOCIONES

Tengo cien poemas que darte, algunos marcados por la rima y otros libres, de verso corto.

Me entristece la desnudez del papel y pienso en la calidez de tus palabras y las escribo, así tal vez le haga consuelo tu presencia.

En cada estrofa hay una idea, no necesariamente diferentes para ser coherente, en realidad quien marca el ritmo es la entonación y sentido que le demos a las palabras, la métrica es un juego de números difícil de entender...la verdadera métrica es la nuestra.

¿Y qué seria la literatura sin nosotros?

¿Y qué seriamos nosotros sin la lectura?

Es una simbiosis que lleva sobreviviendo la decadencia de la humanidad y la involución de las mentes.

RECORDATORIO, DE ESOS QUE SE PEGAN EN LA NEVERA

Aprendemos más sin querer que queriendo. Déjate llevar. O quédate con tus errores.

Tú decides.

Si vas a jugar con las palabras,
házlo sobre el papel y no sobre un corazón.

REFLEXIONES

Cuando te pidan ser lo que no eres, te impongan sus conductas y forma de pensar, te encarcelen en sus decisiones, te reduzcan a una semilla, te menosprecien por ser como eres, te insulten en silencio, te miren con odio y te nieguen la libertad. Cuando todo esto pase no te calles, no guardes ningún tipo de sufrimiento que pueda dañarte a largo plazo, enfréntate a ellos, demuéstrales quién eres, sé valiente incluso llorando. Sé valiente porque nadie lo será en tu lugar.

Y al final hazles reflexionar.

DONDE SIENTAS PAZ, ALLÍ ES

Y me enamoré de mi contigo, de ti conmigo. De nosotros cuando nos desafiamos a los conflictos del amor, de sus altibajos y sus lados más oscuros.

Te quiero cuando eres sin necesidad de explicarte, cuando sientes sin la necesidad de excusarte y, sobre todo, cuando me dejas ser a tu lado.

No quiero parecerte una persona perfecta y tampoco me trates como tal. Soy delicada y me gusta el silencio de los días de lluvia, me gusta expresar lo que grita mi pensamiento de forma espontánea, no sé fingir ni falta me hace, y si lloro no necesariamente es por pena. Soy como un jarrón roto y recompuesto con oro, lo que los japoneses llaman el arte del Kintsugi, por lo que puedes contemplar tanto como quieras la belleza que pueda albergar este corazón maduro.

Y no sabes cómo me tiene enamorada tu forma de fijarte en los detalles más sutiles que cometo con mis manos; tu ternura me tiene cautivada. Y no sé si soy tan dulce como dices o eres tú que me endulzas con tu mirada. Sea cual fuere, no me sueltes.

Siempre me ha gustado leer en papel, hasta que te conocí y pasaste a ser mi otra forma de leer poesía.

TENEMOS QUE HABLAR - Iman.A.

Irrumpes en mi pensamiento cada noche, antes de dormir y durante el sueño invades mi espacio privado. Te adentras en él como si fueras el dueño, y en lugar de permanecer pasivo te integras en cada escena como si fueras tú el que sueña y no el intruso.

Y si tuviera que escapar de la sociedad lo haría contigo; el silencio a tu lado es como estar a solas, no todos saben callarse, algunos se ofenden si no hablas. Pero nosotros podríamos estar una eternidad así sin cansarnos el uno del otro.

¿Y quién puede desesperarse de la paz...?

PLANES IMPROVISADOS

Soy tan natural que al verte sonrío sin querer.

Y, a la vez, tan flexible que cuando no puedo verte me ocupo con pensarte.

DÉJAME CONTARTE...

Recuerda, hijo mío, antes de caer en el hoyo. Recuerda que la persona enamorada empieza a sufrir desde que se enamora hasta que se olvida de la persona amada. Y tú sigues en fase de superación, estás luchando con tu corazón para olvidar a alguien que ha robado un pedazo de ti. Que tal vez sea insignificante para otros, pero que para ti puede significar el mundo. Y a veces incluso crees que no puedes respirar, que te falta el oxígeno.

Pero déjame decirte las buenas noticias; es solo una fase. Y como ésta habrá otra que será la final, donde *sentirás alivio por haberte querido siempre a ti mismo en primer lugar.*

Mientras tanto sigue luchando verás que valdrá la felicidad.

Hay amores
que no se descubren por temor a perderlos.

HISTORIA MANIPULADA

Nos roban la historia y pretenden luego compartir con nosotros una parte cuando en realidad somos los creadores de la misma.

Pero seremos tachados de impertinentes si ostentamos tal derecho.

Ya no se trata de distinguir entre dos civilizaciones, ni hacer distinción entre dos ideologías o formas de ver el pasar de los días. Se viola un derecho fundamental cuando se ignoran todas las personalidades pasadas; ¿de qué sirve esconder la verdad?

Si lanzáramos fervientemente botellas de cristal al mar, nos sorprendería la habilidad de su oleaje para devolvernos todo lo arrojado en su profundidad. Entonces, ¿de qué sirve manipular si al final podremos ver con claridad los sucesos?, los juicios hechos con los ojos cerrados son habladurías sin fundamento. Y no me interesa perder el tiempo con críticos sin seso.

FRENTE UN MAR FURIOSO, ME DEJO ALCANZAR DESCALZA

¿Hasta dónde pueden llegar las olas que llevamos dentro?

¿Hasta dónde pueden romper con fuerza?

Este silencio que nadie escucha, que se siente cuando se apoya la mano sobre el pecho y asusta.

Este ruido que nadie entiende, que se percibe cuando se conecta profundamente con la mirada.

Nos faltaron razones para amurallarnos, pero nos sobraron personas dentro de las murallas. Con tan pocos habitantes podemos construir un gran territorio, fortificado por sus corazones y sus buenas intenciones.

Nos hizo falta voz y coraje para derribar las ruinas que otros habían dejado al marchar. Pero nos quedamos esperando, gritando socorro por si alguien quería ayudar.

Hemos crecido abandonando nuestro niño interior, dejándolo sin palabra, reduciéndolo a una mísera emoción sin nombre. Y qué daño nos hemos hecho creyéndonos ya adultos capaces de tomar el mando.

Pero, el oleaje que llevamos nos confunde por momentos.

Sin razonamiento alguno y emocionalmente inhibidos creemos que hemos aprendido a ser fuertes siendo más duros.

Pero hemos vuelto a caer, y las murallas han dejado de proteger.

EL ADULTO ES UN NIÑO EN GRANDE

Hemos menospreciado a los niños por su tamaño y su poca experiencia en la vida, pero en sus gestos y en su forma de actuar tenemos lecciones que no aprenderíamos nunca de otras personas. El niño es un adulto en miniatura o, mejor dicho, el adulto es un niño en grande.

A pronta edad saben discernir entre lo negativo y lo positivo para su cuerpo, y es que somos seres emocionales, sobre todo, pero nos han dado la lata con la razón y nos hemos confundido.

No hace falta acumular años para apartarse del dolor y buscar el bienestar, nuestra naturaleza está hecha a base de amor y el amor no debería traer consigo dolor, todo lo que se aleje de este sentimiento nos hará pedazos y todo lo que se le acerque nos hará crecer mucho y mejor. Por eso, el niño cuando toca una tetera caliente inmediatamente aparta su mano y llora (o no) dependiendo del dolor que le haya causado. Pero mira desesperado hacia los lados en busca de consuelo, y no lo hace porque sí, lo hace porque sabe que hay amor y calidez fuera de ese momento doloroso. El cariño que recibe tras el incidente le hace olvidar su angustia, pero no se olvida nunca del incidente, por lo que su lógica le previene de caer en el mismo error. Y es en esa lógica donde deberíamos parar y reflexionar: si me daña me aparto, no vuelvo porque no encontraré en ese lugar el consuelo, el consuelo se encuentra fuera, en otro lugar, en otra persona, en otras manos, en otros brazos…

A los niños no les cuesta entender esta forma de actuar, pero, los adultos siguen sin poder explicar la atracción que sienten hacia las relaciones tóxicas y los espacios incómodos.

¿Por qué?

OJALÁ CONOZCAS ALGUIEN ASÍ

¿Y tú qué sabes? Tal vez haya alguien que piense en ti antes de acostarse todas las noches, que te imagine abrazándoos enfrente de cada atardecer, que te vigile de lejos, que siga tus pasos invisible, que se acuerde de ti cuando mira el cielo y ve la luna, que te sea fiel incluso sin tenerte, que no soporte pensar en otra persona que no seas tú, que te escriba textos sin enviártelos, que piense en ti en voz alta, que no sepa disimular su preocupación cuando te tiene enfrente, que te regale libros con notas en anónimo, que crea momentos solo para saber cómo estás, que te lleve la contraria solo para poder dialogar, que te quiera feliz incluso si no es con él.

¿Y tú qué sabes si existe alguien así en tu vida?

Si lo llegas a conocer no lo pierdas. Y si ya lo conoces tampoco lo hagas.

Tengo sueños que quiero vivir contigo.

¿DESEAS CONFIGURAR TU ESTADO?

Hoy tampoco se dieron cuenta de que me había ausentado, *había dejado por un momento de pensar en los demás y me puse a pensar en mí.* ¿Cuándo fue la última vez que lo hice? - me pregunto a diario. Espera, nunca lo hice.

Nunca me paré a pensar qué era lo que me gustaba y qué era lo que detestaba, qué comidas me daban placer saborear y qué comidas pensaba siquiera oler, qué quería que me regalasen de pequeña y ahora de adulta, cuál estación era mi preferida, qué tipo de personalidades me incomodaban, qué me gustaba de mí y qué querría mejorar, qué sé yo de mi sexto sentido, ¿tendré de eso?, cómo me gustaría que me hablasen, cómo puedo parar a alguien que me esté faltando el respeto, ¿cómo saberlo?, cómo limitar las relaciones, cómo detectar el abuso, cómo ser responsable y generosa conmigo misma, cómo hablaría de mí frente los demás, cómo educaría a mis criaturas, qué tipo de educación sería, en qué me basaría para comenzar una nueva relación, qué tipo de relación no querría nunca en mi vida, cómo sabe viajar y dar la vuelta al mundo, cómo es estresarse sin perder el control, qué prioridades tengo, ¿soy yo una prioridad?, en qué me baso para escoger fingir a decir la verdad, ¿qué tengo que esconder?

Me complació tanto pensar en mí que ya no fue por un momento, fue para toda una vida.

HABRÁ ALGUIEN QUE NO PODRÁ DEJARTE IR

En un papel escribí las palabras que me mordí la última vez, aquella cuando tú me empujabas hacia adelante y yo tiraba del pasado como si fuera un saco de patatas, tan pesado como su nombre. ¿Y sabes por qué me callé tantas cosas? Porque pensé que ya las sabías, pensé que fingías no conocer mis miedos para que yo los confesara… Y me acabé cansando antes que tú, te lo quise hacer más fácil para que no sufriéramos el doble. ¿Y sabes por qué me cansé? Porque sentí que traicionabas tu juventud conmigo. No juzgues mi reacción pues uno hace todo lo que puede por las personas que quiere… porque yo todavía… todavía te quiero.

Pero no te fuiste y sigo sin entender por qué…

¿No supiste irte o no quisiste?

LA NIÑA EN MÍ

Siempre me preguntan qué quiero ser de mayor; lo cierto es que *de mayor quiero ser una niña.*

Las lágrimas no hay que secarlas,
hay que tratarlas.

PERSONAS REALES

Esas personas que, aunque tú no estés, siempre estarán. Aunque tengan que soportar tu ausencia en sus momentos más cruciales de su existencia, estarán allí cuando tú no puedas sola. Porque esas personas son reales y por eso lo dan todo de sí, aunque se olviden de sí mismas, aunque parezcan exageradas, aunque sean criticadas...esas personas puede que ni siquiera sepan por qué son como son.

Y las personas opuestas a éstas somos quienes merecemos una crítica, los que necesitamos un toque de atención para despertarnos y luchar para no perderlas, antes de que sea tarde. Porque si se van, no regresarán. Y no lo harán por maldad o venganza sino porque ya no podrán dar más de sí. Porque estarán cansadas de estar y nunca ser recibidas.

Porque querrán descansar después de tanto sentir. *Porque no ser correspondido cansa* y más todavía cuando nadie lo tiene en cuenta.

A RATOS

¿Sabes esa sensación de cuando alguien te está *"escribiendo..."* en WhatsApp y luego deja de escribir para enterrar el mensaje?

Esa sensación.

ENAMORADO DE NOSOTROS

De cuanto escribo, me enamoro cuando te recuerdo. He perdido el equilibrio que llevaba desde mis inicios construyendo, lo he perdido el primer día que tropecé con tu sonrisa, me cegó la colonia de frambuesa que te había regalado la vecina y me coló tu dulce mirada. De pronto parecía un cachorro en busca de su amo y en ti me encontré perdido, tus palabras parecían acertijos sin solución, tus gestos eran más bien directrices, tus ojos un océano de misterios y allí seguía yo, *deseando descubrirte*.

El tiempo se ha burlado de mis sentimientos y mis ganas de verte, he pasado más tiempo desesperado esperando la siguiente coincidencia que contigo.

Y en cada ocasión me satisfacía hacerte reír, ver como tus ojos se humedecían de la risa era mi más deseado momento. Hay personas que se cuestionan la existencia de otros planetas, pero contigo viajo a otra galaxia. Quienes han existido sin haberte conocido han perdido parte de su vida y quienes te han dado la espalda han renegado la felicidad.

La belleza de tus pensamientos ha hechizado este corazón que llevaba tiempo silenciado, tu forma de ver la vida ha complementado la mía y has sabido escuchar mis historias.

TENEMOS QUE HABLAR - Iman.A.

Ni tú necesitabas halagos para considerarte ejemplar ni yo iba a callármelos. Me has dado recuerdos y tiempo de calidad, me has dado amor y cariño, me has dado vivencias y momentos...

NO TODO LO QUE VES ES REAL

Nos hemos visto de nuevo envueltos en un misterio, en una escena dramatizada sin precedentes, igual de gris que nuestra última tarde, aparentemente, juntos. No sabía si confiar en tu mirada incrédula al fugaz reencuentro o en tu insólita sonrisa al descubrirme entre la multitud.

Acabé desahogándome en las ganas que tenía de verte y olvidé todo el destrozo que causaste. *¿Será verdad que una sonrisa apaga toda la ira que pueda sentir uno para con otro?* Y si fuera verdad, aprovechaste la ocasión para hacerme sentir culpable, te convertiste en víctima cuando eras el acusado, sin miedo a ninguna sentencia te apoderaste de mis dudas y me hiciste creer que habías cambiado.

¿Acaso pensabas que unos versos poéticos me iban a dejar satisfecha? ¡Qué mala jugada, qué mala técnica, qué mal movimiento!

Gracias a Dios fue tan solo una visión ilusoria.

A veces las voces también engañan,
no solo las apariencias.

QUÉDATE

Tu aliento me recuerda al café molido de una tarde de invierno, me recuerda a mí sentada en el sofá viendo una serie romántica; sola y a la vez llena, disfrutando de cada historia como si fuera mía para así no necesitar ninguna.

Tu sonrisa me recuerda al beso robado que le da el protagonista a la chica en un día de lluvia bajo el estallido de los truenos. Y no sé por qué tu pelo me recuerda a un cobijo cálido que permite esconderme cuando algo anda mal, como cuando empiezo a llorar sin motivo y necesito a alguien a quien agarrarme, algún hombro en quien apoyarme. Tu mirada es parecida a la súplica sincera que se hace con mucha humildad; tus expresiones me reflejan la sinceridad de tus intenciones y eso me recuerda a mi ideal.

Quédate esta noche conmigo o al menos hasta que cese la tormenta, soy una niña adulta que teme la oscuridad. Soy tan adulta como tú para entender que me estoy enamorando, y tan niña como para dormirme en tu regazo.

Y ya que estamos, quédate conmigo toda la vida.

SEGUIRÉ ESCULPIENDO MI MEJOR VERSIÓN GRACIAS A TI

Y en un día cualquiera, sin esperar nada ni a nadie, así sin más aparece alguien que no es que te cambie la vida; cambia tus diferentes puntos de vista que te amargaban la existencia. Y ese día dejará de ser uno cualquiera y pasará a ser el punto y aparte de una historia escrita en prosa. Y no sabrás explicárselo a nadie, ni a ti misma, pero te verás sumergida en ese día cada vez que pierdas la mirada en el infinito, cada vez que te dejes llevar por la brisa del amanecer, cada vez que oigas las olas romperse contra las rocas. Y serás tan feliz con el recuerdo que no sabrás cómo agradecerle a la persona por ese día.

Y si se llega a ir, *recuérdale en tus suplicas.*

Relato (I)

Recuerdo aquella tarde en el jardín con el abuelo, después de haber regado las flores y darles el amor que se merecían, me pidió hacerle compañía bajo la sombra del naranjo.

- Te voy a decir algo antes de que sea tarde, porque tú todavía eres muy niña pero yo ya soy viejo y no sé cuánto tiempo me queda para disfrutar de esta tranquilidad contigo.

- Dios es bueno y será bueno contigo, porque tú también eres bueno, abuelo. - me acarició la espalda y me abrazó.

- Te decía; si quieres ser feliz en esta vida no esperes la llegada de nadie. Y mientras vivas espérate de todo, pues si te la pasas esperando solo aquello que deseas acabarás decepcionada, cansada y rendida en el suelo. Porque la vida es así de picaresca, pero tú ni caso; cada una a su bola y verás como le pillarás el gusto.

- ¿Si somos buenos seremos siempre felices?

- Si somos buenos seremos felices, pero no siempre. Porque si fuéramos siempre felices dejaríamos de percibir la felicidad, como cuando te pones la ropa encima y al cabo de pocos minutos dejas de notarla hasta que te das cuenta. En esta vida verás que hay un equilibrio de los extremos, mientras dure no notarás dificultad alguna pero si el peso se inclina hacia uno de los lados empezarás a ser consciente. Para recuperar la estabilidad tendrás que sobrellevar la situación y entender su propósito.

- ¿Y cómo entenderlo?

- Desde la bondad hija. En esta vida aprenderás que la bondad será tu llave para la paz interior.

- ¿Pero y si alguien es malo con nosotros?

- *El malo es malo por varias razones; porque desconoce la bondad, porque desconfía de la verdad, porque ha desistido o porque ha crecido solo.* Y tal vez haya excepciones, como en todo.

- ¿Entonces siempre será malo?

- Eso dependerá de su voluntad a dejar de serlo, pero primero tendrá que reconocer la maldad para alejarse de ella. Y luego tomar otro sendero, dejarse acompañar y querer aprender. - abracé a mi abuelo y me acomodé en su pecho.

- En realidad, abuelo, quiero que la balanza esté siempre inclinada hacia el lado bueno. No quiero ser feliz sola, quiero compartirla con aquellas personas que la necesitan. Quiero ser la mano que acompañe a aquellos que han desesperado de la vida. Quiero que se reconcilien con su pasado y caminemos juntos por otro sendero, sin miedo a desviarnos.

- Quieres mucho y está bien. Pero recuerda que puede no suceder todo de golpe, aunque te animo a seguir queriendo.

LOS DESENCUENTROS EN EL AMOR

Nos cuesta percibir que cuando decidimos continuar esta vida junto a alguien, estamos sacrificando nuestra paciencia y nuestro tiempo para mantenernos firmes en este camino que tomamos. ¿Te parece extraño que esté hablando sobre algo tan obvio? Precisamente por eso, obviamos que la otra persona es diferente, y como es tan obvio no nos paramos a analizarlo si quiera, porque sino no habrían tantos conflictos por pequeños desacuerdos.

¿Entendemos nuestras diferencias? ¿Consideramos nuestras distintas percepciones? ¿Validamos ese espacio fortuito que nos separa? ¿Aprovechamos nuestros desacuerdos para conocernos?

No pretendo que construyamos una vida surrealista, más bien acomodar nuestro espacio para poder desenvolvernos como más a gusto nos sintamos; sin presiones, sin obligaciones, sin juicios, sin disimulos ni ocultaciones. ¿Crees que es fácil?

Para poder encontrarse tras un desencuentro, hay que saber gestionarse emocionalmente. Porque somos distintos solemos estar en diferentes fases del amor, lo que puede suponer un inconveniente cuando no se trabaja en equipo. Porque a pesar de ser individuales, vivimos bajo el mismo techo, y nuestras emociones pueden chocarse. Por eso, si queremos estar indefinidamente tendremos que cuidarnos y no impacientarse.

Ante un desencuentro, quedemos y hablemos. No nos demos la espalda ni nos faltemos el respeto. Y entiende que el amor no desciende por decir "no" a algo que no me satisface, y entiende también que si vas a hablar en plural estés seguro de que yo también esté de acuerdo y no obviar mi punto de vista al respecto.

ESTAR EN PAREJA

Hay caminos que se toman sin manual para consultar las instrucciones a seguir, pensadas para prevenir errores, daños y sufrimiento. Pero, en cuanto a relaciones se refiere somos perezosos para leer y conocer, aunque sí nos gusta la aventura, sentir el subidón que toma el corazón cuando encuentra la persona adecuada. ¿Pero de qué sirve sentir algo si no nos interesa conocerlo? ¿No sería más bonito y emocionante que entendiéramos el sentido de nuestras emociones?

Amamos con la cabeza, por muchas palpitaciones cardíacas tengamos, ¡y qué bendición que sea así! Pues el corazón no entiende de razón ni falta le hace, ya que gracias a él podemos olvidar por momentos la realidad y adentrarnos en otra más idílica. Pero idílico no es sinónimo de ficticio, a veces ocurre que nos casamos con alguien que rompe la limitada idea del ideal. Pues también es cierto que incluso en nuestra imaginación somos limitados.

¿Qué te pasa por la cabeza cuando ves a tu pareja a tu lado? ¿No piensas que es demasiado bonito para ser real? Qué mal, de nuevo hemos sido engañados, nos han hecho creer que la belleza solo reside en nuestra imaginación, por eso nos cuesta tanto confiar. Disfruta de las vistas la próxima vez que tengas a tu pareja en frente, y dile que supera con creces a tu ideal.

Estar en pareja es un estado que si cuidamos y nutrimos podemos lograr hacerlo eterno, ¿y quién no desea la eternidad? ¿Pero qué significado tienen estos conceptos en este contexto? Normalmente cuidamos aquello que apreciamos, valoramos y que no queremos perder. El cuidado es directamente proporcional al amor que le tengamos, y no es una palabra bonita la que deberías andar buscando, pues las palabras acaban llenando el espacio por el cual transita el viento, pero ¿qué es lo que llena un corazón?

Cuidar sin nutrir es fracasar en el intento, pues si no alimentamos bien un estado no lo podremos perpetuar en el tiempo. Y si por algo es "estar" en pareja y no solo "ser" es justamente por el factor tiempo que interviene. Enamorarse lo puede hacer cualquiera, pero amar ya no. *Y si el enamoramiento es un estado transitorio, el amor llega para acampar en nuestras almas.* Pero depende de nosotros si construirle una cómoda morada en la cual permanecer a gusto, o ahuyentarlo con nuestros desequilibrios emocionales. Y si retomas el principio de este texto, recordarás que en el conocimiento podremos hallar nuestras respuestas a las diferentes obstaculizaciones que encontremos a nuestro paso. Y solo leemos aquello que nos interesa, ¡pues mostremos interés por nuestro estado de pareja!

Este camino que tomamos de la mano de otra persona es fácil para aquellos que fantasean y difícil para aquellos que se limitan en sus excusas. Pero para algunos, es como un camino de piedra rodeado de césped y flores varias que decoran el recorrido, sin embargo, con diferentes baches en los que tropezarse, y son justamente las piedras mal colocadas las que molestan y nos espantan alterando nuestra tranquilidad. Pero si logramos cogernos de la otra mano, no llegaremos a caer, y en su lugar nos sentiremos confiados. Los pasos que daremos de ahí en adelante serán conscientes, y aunque nos volvamos a tropezar no nos invadirá el miedo, porque quien se siente arropado no tiene en su corazón cabida para la frustración.

Y este camino es largo, y sé que puede hacerse arduo en los choques que puedas tener con el otro miembro de la pareja, pero te aseguro que la solución no está en volver sobre tus pasos dándole la espalda a lo construido. En su lugar, te invito a un descanso donde puedas transmitir tus sentimientos sin temor. Pues la solución está en una buena comunicación.

Y mientras dure descubre y vive tu pareja, pues somos mundos diferentes. Utiliza las llaves que te ha dejado para abrir tantas puertas como puedas, pero no te apresures en hacerlo. Pues las pausas son necesarias para saborear con anhelo todos los encuentros. Y entiende que las personas guardamos rincones secretos, hundidos bajo las tinieblas de nuestros miedos y no te ofendas si eres inaccesible a ellos al principio. A veces, necesitamos tiempo y otras preferimos olvidar y por ello no hablamos del pasado. Recuerda que cuidar implica hacer feliz, conoce primero qué hace feliz a tu pareja y luego cuida tus formas.

Y, por último, enamórate de vuestra historia, así como de todas sus imperfecciones.

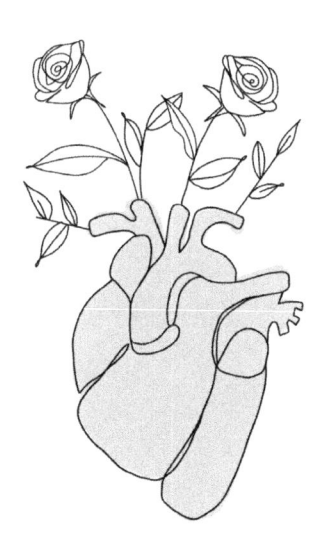

Todo lo que se fuerza se acaba torciendo.

SE TRATA DE COMBINAR Y NO DE IMPONER

La combinación de los sabores salado y dulce genera uno diferente, mucho más rico y potente que los dos por separado.

Esa es la magia de la unión.

UNA RELÍQUIA DE CAOS

El hospital es el sitio donde más vidas se reciben y donde, simultáneamente, más vidas se echan a perder. Esta paradoja tan creíble es lo que lo caracteriza. Un lugar, así como misterioso, donde unos se conocen y otros se despiden, unos se entristecen y otros se alegran, unos se pierden y otros se encuentran, unos se sorprenden y otros se decepcionan, unos se confiesan y otros se ocultan. Todo esto en un mismo lugar...

¿Y quiénes son los médicos?

Son los afortunados de ser copartícipes de todo el caos sentimental, son los que al final del día han perdido lo que nunca fue suyo y ganado diferentes esperanzas.

¿Y quiénes son las médicas?

Son las que a pesar de tanta contradicción siguen de pie, son las que a pesar de ser consejeras necesitan consejo, son las que a pesar del maltrato son generosas, son las que dándolo todo no esperan nada a cambio, son las que con una sonrisa agradecida duermen satisfechas, son las que tras comunicar una pérdida se sientan a llorar, son las que con un apretón de manos saben controlar situaciones, son las que deciden voluntariamente hacerse cargo de otras vidas, son las que se han olvidado de vivir para mantener

TENEMOS QUE HABLAR - Iman.A.

vidas, son lo que la esperanza llama resistentes, son las asistentas de muchas historias; donde en unas son protagonistas y otras narradores pasivos, son como la brisa confortante en un día cálido.

¿Y quiénes son todos ellos?

Son *humanos.*

¿SI UN RECUERDO FUERA UNA SEMILLA DÓNDE LA CULTIVARÍAS?

Hay quienes han decidido regalar materiales para satisfacer los deseos temporales de los demás, sin entender el significado del tiempo ni darle importancia al futuro. Aunque, a vista de unos cuantos, un momento comparado con un objeto adquiere el tamaño diminuto de una semilla. Pero no deja de impresionarme su tamaño con relación a lo que puede engendrar. Si el oro acumulado en una gran montaña fuera a hablar empezaría envidiando la capacidad que tiene una pequeña semilla de impactar, aparentemente invisible, indudablemente enorme bajo la lupa.

Las personas son como la montaña de oro y los momentos que pueden ofrecer y crear son como un paquete de semillas. Cuando escogemos lo primero nos viene en serie lo segundo, los recuerdos son reproducciones y nosotros somos sus directores. *De la misma forma que un agricultor sabe lo que cultiva, el corazón sabe lo que recuerda.*

¿No crees que es mejor dirigir a solo ser un invitado?

TENEMOS QUE HABLAR - Iman.A.

OCTUBRE

Dicen que en otoño la naturaleza decae, dejando paso a colores más apagados haciendo del cielo más gris y los caminos más húmedos. Pero olvidaron decir que fue en otoño cuando mi corazón despertó de la oscuridad para revivir a tu lado. No culpo su desconocimiento, pues ni nosotros pusimos fecha a nuestro primer encuentro. Pero era necesaria la coincidencia para iniciar la historia, la historia que nos unió.

No fue amor a primera vista, pero el alma me pedía volver a tu compañía. Y el sosiego que pueda encontrar el alma en un primer momento será siempre el camino que querrá cruzar de nuevo. Y así te convertiste en mis ganas de volver a coincidir durante los próximos meses. Me enamoré del pequeño espacio que fuimos creando, de las redes que tejían nuestras conversaciones, yéndose a veces por las ramas solo para estar más rato juntos.

Y aunque me despidiera mis pasos siempre volvían sobre sí hacia ti. Tu presencia en mi corazón empezó a agrandarse haciéndose más notoria, provocando palpitaciones impredecibles hasta que las mariposas invadieron todo mi cuerpo.

Habías llegado para quedarte y así me lo demostraste, y ya antes de tenerte temía perderte. Pero nos cuidamos, nos esperamos, nos entendimos y nos amamos. Y en medio del naufragio no nos soltamos porque quien ama de verdad no piensa en soltarse, se ancla a su amado como quien teme caerse de un acantilado. Fuimos confeccionando nuestra fortaleza ante todos los precipicios que nos detenían, y no era nada más que para ganar tiempo estando el uno con el otro.

Y así dejó octubre de ser un mes cualquiera para pasar a ser el prólogo de nuestra historia.

EN LA ESPERA SE NOS DUERME EL ALMA

En la espera hay una sensación extraña de isolación. El tiempo pierde su significado, dejando paso a la imaginación. El cielo pasa a ser el baúl de los secretos, en él hay tanto por decir como por callar...muchos ojalá desahogados, finales abiertos e historias de cuento.

En la espera se nos duerme el alma, a veces cansada y otras desesperada. La espera tiene un sabor agridulce, o te gusta a la primera o te acostumbras a ella. Pero al final te acaba gustando y lo esperado pasa a un segundo plano. Y nos quedamos una vida esperando... solo por la calma que trae consigo... el sueño.

Como quien espera debajo de un edificio un día de lluvia sin paraguas ni capucha... esperando a que salga el sol para poder seguir su camino.

Aunque a veces, ya no esperamos el sol, esperamos que nunca deje de llover para seguir contemplando cómo caen las gotas y se deslizan por las hojas de los arbustos, cómo huele el suelo mojado, cómo se esconden las personas y cómo se abrazan los enamorados.

La vida es una espera constante, quien de pequeño aprendió a observar sabrá lo bonita que puede llegar a ser.

Te cuidarán, pero tarde.
Por eso, cuídate con tiempo.

PERDONAR HASTA LA SACIEDAD

Qué egoísmo desprende nuestro deseo cuando no permitimos a otros una segunda oportunidad, como si fuéramos perfectos en nuestro andar, como si fuéramos irreparables sin defecto alguno. Pero lo cierto es que somos, entre otras mil cosas, un error puntual que tropieza constantemente en su paso.

¿Acaso no es verdad que anhelamos el perdón y no somos capaces siquiera de brindarlo a quienes nos lo piden? ¡El humano es tan poco consciente que necesita un toque de atención para despertar!

¿Deseas dormir en paz?

Perdona tanto como deseas ser perdonado.

MATICES

El amor siempre es comparado con la primavera por ser un sentimiento que nos hace florecer, nos abre hacia el otro y nos permite mostrarnos tal cual somos sin tapujos, sin miedos...salvo aquellos que decidamos esconder. Pero no hay nada que con el tiempo no se revele o se deje entrever. *Porque quien de verdad te quiere no te amenaza con tus miedos,* no los utiliza como arma más bien los usa para acercarse a ti de forma que aprendas a superarlos.

Cuando damos la mano lo hacemos con los ojos abiertos, y aunque a veces la pasión nos ciegue, sabemos con quien compartir nuestra intimidad. Porque no se trata de un espacio público con un billete a facturar, es un rincón repleto de puertas con candados a descifrar.

Ojalá apreciáramos esas llaves para poderlas dejar a la persona que realmente las merece. Y ojalá nos apreciáramos más para impedir que nos hieran innecesariamente.

ABRIRLE O NO LA PUERTA DEPENDERÁ DE TI

El amor lo verás bonito si lo entiendes. Pero si lo malinterpretas o no le das la oportunidad de explicarse, no serás feliz ni con quien amas. Porque no se trata de un sentimiento pasajero, el amor cuando toca a la puerta es para quedarse. Y cuando lo fuerzas, lo único que consigues es ahuyentarlo.

El amor es delicado, pero no es débil, fortalece el alma y aviva el corazón. Por eso, *cuidarlo es cuidarnos.*

Y si lo llegas a conocer de cerca, dale una oportunidad para desenvolverse y no le temas, pues su única intención es hacerte feliz y nunca entristecerte. Y si lo ves complicado date tiempo e intenta concederle una cita.

PENSÉ QUE SERIAMOS MÁS DE NOSOTROS Y MENOS DE ELLOS

Pensé que seriamos más de nosotros y menos de ellos; que no te costase hacernos un selfie para luego guardarla en nuestro baúl de recuerdos o en nuestro álbum de momentos. Pensé que seriamos de nosotros cuando nos diéramos un beso bajo la luna o la lluvia, como fuese. *Pensé que tendríamos secretos,* por muy absurdos que fueran, pero con tal de ser un pedazo de nuestra alma era más que suficiente para protegerlo. Sé que suena extraño, pero entiéndeme. Si ibas a ser de ellos no haberme conocido.

Y si ibas a ser de nosotros...¿qué ha pasado?

EL AMOR NO SE HACE OLVIDAR, AUNQUE EL DOLOR...

Yo no tenía ni idea del amor, y no hablo del romántico, porque está de moda hablar sobre él. Pero yo prefiero hablar del otro amor, de ese que pasa desapercibido y nadie sabe definirlo. Y lo peor de todo, poca gente sabe expresarlo.

El amor señoría no está destinado únicamente a las parejas, el amor es mucho más extenso. Un ejemplo muy claro y, a la vez, muy cercano a tu corazón es tu madre. El amor se ve reflejado en cada caricia que te hacía cuando tú golpeabas con fuerza desde su vientre, o cuando te alimentaba inmediatamente con aquello que antojabas llegando incluso a discutir con tu padre solo para que tú pudieras complacerte, o cuando te ponía la melodía con la que más sosiego encontrabas porque te entendía sin haberte visto o hablado, o cuando prefirió no pincharse la epidural porque quería sentirte, ese dolor que al final se convierte en placer, ese dolor que tú recuerdas como aniversario, ese dolor que no podrás jamás compensar.

El amor crece, y tanto que crece. ¿No viste acaso cómo aprendió tu padre a quererte? Y no, no le fue necesario quedarse embarazado para amarte. Pero déjame hablarte de tu abuela, aquella olvidada figura que solo recordamos de reunión familiar en otra. No pienses en sus prótesis dentales, más bien piensa en ella como una segunda madre que fue. Y si no podía atenderte tu madre no tenías que preocuparte porque la casita de la abuela era tu segundo hogar. Pero la abuela no estaba nunca sola, siempre estaba acompañada del abuelo, que por muy hombre firme que pareciera al final le acababas sacando más de una sonrisa. Son amores que no se repiten, que no se escogen y tampoco se olvidan. Son amores que crecen contigo desde que naces hasta que partes.

Y aunque ellos envejezcan el amor permanece joven. Y aunque ellos se vayan, el amor…es eterno.

NO NOS CONOCEMOS, NOS REENCONTRAMOS

En estos momentos estás ocupando un rinconcito de mi corazón y que jamás de los jamases, nadie más podrá ocupar. Y tú tampoco, tampoco podrás ocupar el rinconcito de otros. Son las reglas de mi corazón, es tan extenso que nadie debe preocuparse por quedarse fuera. Te puedo asegurar que nunca te sucederá.

Y lógicamente, adhiriéndonos a las directrices de este ser vivo, nunca nadie había ocupado este rinconcito que ahora tú ocupas. Por eso, desde que tocaste la puerta fuiste recibido como aquel viajero que después de tantos años fuera volvía a casa. Fuiste bienvenido como si de tu hogar se tratase, porque *mientras te sientas feliz en mí seré tu hogar*. Y si algún día decides irte, no pienses que habrás perdido tu lugar. Pues el corazón se puede extender más adaptándose a sus necesidades, y tu rinconcito solo te estará esperando a ti.

Como todos estos años sin ti vaya...

EN EL ESCENARIO

Los mejores guiones no están escritos.

Los mejores guionistas siguen en silencio.

La verdadera amistad está a punto de nacer, la historia a punto de comenzar.

¿Te la vas a perder?

A este mundo le hace falta más corazones sanos.

ALZA LA VISTA AL CIELO

No entiendo la prisa que tienen algunos cuando se pone el semáforo en rojo. Los más ridículos empiezan a tocar el claxon, los menos desvían su mirada hacia el móvil. Nunca han levantado la mirada hacia el cielo y nunca han seguido el movimiento de las nubes en su trayectoria hacia la libertad. Agradezco la existencia de esta tecnología que ha permitido detener el tiempo unos segundos y me ha dado la oportunidad de presenciar uno de los mayores milagros divinos.

¿Cuándo fue la última vez que viste la luna llena?

SI LLEGAS TARDE, NO TACHES A QUIEN TE HA ESPERADO DE IMPACIENTE

Y agradece infinitamente a quien te ha esperado, pues lo ha hecho voluntariamente pensando en ti.

Hay cosas que podemos decir, otras que preferimos reservarnos o lanzarlas como indirectas porque queremos que se nos entienda sin apenas hablar. ¿Porque de eso se trata, no? De alguien diferente dispuesto a apoyarte y a mimarte tanto como lo necesites. Porque todos queremos ser abrazados por la persona que dice amarnos. *Porque el amor es estar y no solo sentir*. Porque no contamos las veces que se nos dice "te quiero" sino las veces que se nos considera y se nos tiene en cuenta. Porque las palabras son un vacío si no hay hechos que las acompañen.

Por eso, si alguien a pesar de "estar" poco, te espera, no lo decepciones. Y si te distraes, habrás perdido la persona. Y no es necesario que te deje para perderla, es suficiente que ignore tus caídas o deje de celebrar tus éxitos como para romperte el corazón.

Por eso, si llegas tarde, agradece.

PERSONAS SUBTÓXICAS

Por definición son aquellas que si no te alejas desarrollarán el fenotipo de la toxicidad. Te lo aclaro; si esa persona te hace sentir mal a sabiendas sin necesidad de insultarte y no le interesa siquiera entender tus sentimientos o es tan arrogante que no puede pedirte disculpas, lo siento, pero debes alejarte.

Esta gente no entiende de recuerdos o momentos, para esta persona tan solo eres un pasatiempo sin valor.

Por eso, *valórate.*

NO TE DEJES ESCOGER

Hace mucho que dejé de esconderme para llorar; recuerdo todavía cuando esperaba que llegara la noche para derramar todas las lágrimas que me había mordido durante el día. Y dolía mucho, cada lágrima parecía una llama y mi corazón temblaba por si alguien me oía.

¿Por qué somos así de complicados?

¿Por qué no dejamos al Ser ser como le corresponde?

No le culpo a mi persona, le culpo a la sociedad en la que nos hemos convertido porque siempre será más fácil culpar a otros. *Me deshice de las cadenas que no me dejaban ser tal cual, ser humana, que es lo que soy,* al fin y al cabo. Entendí que la perfección no se ganaba siendo indiferente. Mientras me hablaba y me convencía de que era libre, seguía sin entender por qué el hombre anhelaba tanto la perfección cuando nunca la había poseído. ¿Qué echa de menos, qué le hace falta?

Muchos textos hablan de cómo ser feliz, de cómo reír cuando las cosas andan mal, de cómo fingir que no estás molesta, de cómo disimular la tristeza o de cómo maquillar determinada emoción. Como si fuéramos máquinas programables con un tiempo establecido;

nos despertamos, "vivimos" y nos apagamos. Echo de menos encontrar autores que me animen a vivir las emociones que vayan naciendo en mí en los diferentes contextos de la vida.

¿Hasta dónde va a llegar la estupidez que las sociedades han decidido crear?

La perfección humana, rica en emociones, la deberíamos tener desde siempre y de hecho la tenemos desde que nacemos, pero la perdemos por el camino. Y esto es lo lamentable; que seamos fácilmente manipulables por una sociedad y culturas que no hemos escogido.

ENTRE TÚ Y YO

¿Llegaremos algún día a apreciar nuestras heridas? *¿Nos ayudará la resiliencia a crecer sin morir en el intento?*

¿Seremos capaces de volver a confiar?

Quienes se rinden en el primer tropiezo
nunca han querido escalar.

ALGUNOS ESTÁN FORZADOS A MARCHAR

Es muy curioso cuando conociendo a alguien ya estamos pensando en su partida. Lo tenemos tan mentalizado eso de que: quien un día llega otro día se irá, que no hacemos nada más que pensar en ello. ¿Pero de qué nos sirve amargarnos toda la trayectoria? ¿No sería mejor disfrutar de cada momento y luego saber despedirse? Y con esto no quiero decir que haya una fórmula concreta para la despedida, porque ninguna sirve para apaciguar el dolor de la separación.

No sé, tal vez seamos egoístas incluso en la tristeza. Porque uno no se va porque sí, sus motivos le impulsan a cambiar, a tomar otro rumbo. Y nosotros, los que nos quedamos atrás, en el mismo lugar en el que nos conocimos, somos quienes entre llantos pedimos que no se vayan. ¿Entiendes el egoísmo de la escena? Buscamos el bien propio, y es natural, pero *olvidamos que el bien de la otra persona es igual de importante que el nuestro.*

Voy a pensar que quienes se han ido han sufrido la partida igual que yo.

Voy a pensar que la vida sigue después de las ya vividas experiencias.

Voy a pensar que el reencuentro es siempre posible...

...y que las acciones no siempre se corresponden con la voluntad propia.

Nos rozan el alma con sus promesas
y pretenden que olvidemos sus huellas

LA HISTORIA SE REPITE

En un mundo lleno de hipocresía quiero ser un libro, un libro abierto. Podrá cualquiera pasar y mirar y sobre todo entender la historia que esconde toda la miseria actual.

Y la historia se repite.

En un mundo lleno de conflictos quiero ser un verso de armonía, que pueda sosegar muchos corazones. En sus almas la historia sangra.

Y vuelve a repetirse una vez más.

En un mundo carente de bondad quiero ser una canción, que nos recuerde a todos. Somos de todos y todos son de nosotros. En un mundo carente de paz quiero ser un sueño, una eterna escapada.

En un mundo donde el nosotros está en peligro de extinción, seamos todos el cielo.

UNA PLUMA, UN VERSO Y YO

Al irte me dejaste la pluma y me busqué el papel para escribir(te). Pero te fuiste y te llevaste la tinta; me robaste el corazón. Lo llevaba bien guardado, o eso pensaba.

¿Cómo pudiste hacerlo?

¿Cómo lo hiciste para que lo perdiera como quien pierde las llaves de casa teniéndolas en las manos?

¿Cómo es que te fuiste con un trozo de mí?

Pero *sin mí*.

PERDONAR ESTÁ BIEN, PERO TE NECESITAS SANA Y FELIZ

Si te llega a ocurrir que por mucho que lo intentes no puedes perdonar, olvídalo. Olvida tener que perdonar o no, empieza a pensar más en ti como persona; tu vida, tu evolución personal, tu aprendizaje, tus gustos, tus dolencias, tus celebraciones, tus habilidades, tu forma de pensar... Piensa más en lo que te rodea y en cómo podría favorecerte para seguir creciendo. *Si no puedes llegar a perdonar, olvídalo.* Y no te sientas mal por no poder hacerlo, descansa en paz sabiendo que lo has intentado a toda costa pero que el daño era superior a tu perdón.

Somos humanos, ¿sabes? Y nos caracteriza la imperfección, aunque también somos bondadosos y compasivos, pero cuando alguien nos hiere podemos cambiar nuestro trato hacia dicha persona. Y es normal, no hay que preocuparse más de lo necesario porque puedes acabar perdiendo la vida intentado salvar la dignidad de otra.

Y agradece que hayas sido la persona herida y no la hiriente porque habría sido peor.

A VECES ES PERJUDICIAL INSISTIR

Él había llegado para irse, ella pensó ya desde el principio en un final feliz.

Pero ninguno tiene la culpa, ambos se entregaron al destino y éste escogió lo correcto para cada uno. ¿Y la felicidad? *A la felicidad solo hay que abrirle las puertas.*

Se puede ser feliz amando la vida, la bendición de cada extremidad, el tener un corazón que late sin marcapasos artificial, amando la percepción a través de nuestra vista y demás sentidos. Incluso aprender a querer el sexto sentido, que muchas veces tiene mucho más sentido que los demás. Pasear por los paseos marítimos es otra llave para la felicidad y compartir momentos con uno mismo es otra fundamental.

¿Y la compañía para cuándo?

Para cuando la felicidad ya esté integrada, para ese momento podremos aceptar cualquier compañero, tanto aquellos que quieran estar de paso como los que quieran quedarse hasta el último suspiro.

Entonces él le devolvió las llaves de la felicidad y se marchó, ella por su parte las configuró y todavía nadie sabe cómo usarlas.

LA CULPA ES DE AQUELLAS PERSONAS QUE NO SABEN RECIBIR

Lo que me gusta de las *personas que dan sin esperar nada a cambio* es precisamente las ganas de hacerlo, y seguir haciéndolo.

Fotografiamos el momento olvidando vivirlo,
para recordarlo después...

CUANDO LA DISTANCIA NO SE MIDE EN KM...

¿Por qué seguimos escondiéndonos? Como si fuéramos niños con miedo a ser descubiertos por haber roto el jarrón más apreciado de la casa. Tal vez sí tengamos miedo a romper algo...o alguien. Tenemos tanto miedo que nos limitamos en nuestras expresiones, no sabemos ya cómo actuar, la realidad nos está superando y nosotros seguimos escondiéndonos, pero *¿quién puede escapar de su propia sombra?*

¿Cómo puedo escapar de ti cuando eres mi primer y último pensamiento del día?

Quiero esconderme en tu corazón y verme reflejada en tu fulminante mirada; ¿podemos seguir abrazados un rato más? Déjame así hasta quedarme dormida, tal vez sea entonces cuando murmure lo que no me atrevo confesar mirándote. Déjame así fingiendo que estoy a punto de sobarme, y tú sígueme con la mirada tal vez te dé por revelarme algo y yo pueda escucharte. Pues ya ves, nuestras conversaciones no respetan nunca más los modales de una buena educación, ¿cuándo fue la última vez que nos dijimos la verdad sin evadir la mirada?

Déjame dormida en tu regazo, suficiente lejos te tengo de día.

"Y" ES UNA DECLARACIÓN DE AMOR, AMOR PROPIO...

La lengua es en realidad una muestra de amor, y no solo eso, sino que además nos intenta educar en nuestro amar... cada palabra, cada construcción, cada signo, cada espacio, todas son herramientas que la lengua pone a nuestra disposición para embellecer nuestros discursos y guiones. Y, por si fuera poco, nos recuerda la importancia de mantener las distancias en las relaciones, incluidas las íntimas. ¿Lo vemos?

Cuando decimos que tú y yo somos uno, nos mentimos constantemente. Porque tú y yo, dentro de nuestra unión, nos separa un hilo muy delgado que nos permite respirar, y no porque seamos una carga sino porque necesitamos un espacio para poder ser una mejor versión con nosotros mismos y para con los demás, contigo.

La "y" es muy inteligente cuando presume ser un puente entre las palabras, así como entre los corazones; nos obvia que ese puente es un espacio vacío que recorremos de tanto en tanto. ¿Pero quién le para atención? Todos creemos que sí, somos uno. ¿Pero no nos damos cuenta de que "nosotros" es un plural? Por mucho que lo intentemos juntar, no lo podremos hacer más allá de nuestros cuerpos. *El alma* es singular y apreciar este hecho nos salvará de caer en dramatismos.

"Somos uno" es solo una metáfora para embellecer nuestra declaración de amor, pero no hay declaración más bonita que la del amor propio. El espacio que nos da la "y" es nuestra libertad para errar y volver a errar para crecer. Y cuando crecemos es cuando podemos dar mucho y mejor.

Ojalá apreciáramos la belleza que esconden las palabras.

PRIMERO OBSERVA, LUEGO NO TIENES POR QUÉ HABLAR

Ciertamente es muy curiosa nuestra facilidad para hablar aun cuando nadie nos lo ha pedido. Hablar por hablar, en cualquier situación, en cualquier circunstancia, sin pensar, simplemente verbalizar nuestros pensamientos que se nos crucen en el momento. Hablar para juzgar, criticar, reír, burlarse, menospreciar, humillar, insultar, cotillear, engañar... empobrecer el discurso lleva a la miseria. Y no es más pobre el discurso que su dueño.

Si de algo nos diferenciamos de los animales, si de la razón hemos sido dotados... ¡usémosla! ¡Coincide que ni animales somos ni razón nos ha quedado! Que se note el intelecto humano, que se note la empatía, que se note el raciocinio. Hablar por juicio, en las situaciones que lo requieran, teniendo en cuenta las circunstancias, pensándolo las veces que hagan falta, embellecer el discurso para no dañar ni llevar a malinterpretaciones. Hablar para guiar, ayudar, acompañar, consolar, agradecer, proteger, ablandar...

Si por algo ha sido creada la palabra es para el bien. Seamos un candil en medio de tanta oscuridad. Seamos, por el bien de todos, sosiego.

NO GUARDES LA FOTO, ATESORA EL SENTIMIENTO

Escribo cartas cuando te echo en falta, y lo hago casi cada día, me reservo unos cuantos días sin escribirte para llorar en silencio. Si tú supieras cuánto esfuerzo hago para respirar, entenderías que encuentro aliento en las palabras que te dedico. No quiero volver a recordar cómo nos despedimos, pues fue algo unilateral, sin planear, improvisado... Amo los improvistos en los que estés implicada, pero odié tanto el momento en el que te fuiste sin decirme nada. Y sé que no te fuiste queriendo, sé que estaba destinado llorarnos esa tarde de invierno, cuando tumbada en la camilla del hospital perseguiste tu alma hacia el cielo. No sabes cuánto deseé que me llevaras contigo, allá donde fuera. Recibí la noticia como una traición, me decepcioné como si me hubieras clavado un cuchillo en la espalda, me derrumbé como quien pierde a su madre. Después del incidente me costó organizar mi interior, ¿cómo les digo a mis ojos que no podrán contemplarte? ¿Cómo les explico a mis manos que no podrán acariciarte? ¿Cómo les digo a mis oídos que ya no podrán escucharte?

Cuando nos enamoramos y decidimos llevar una relación, olvidamos que llegará un momento en el que tendremos que sobrevivir a su ausencia.

Evitamos pensarlo, preferimos disfrutar del presente, construir el camino. Eso hace que nos creamos eternos, y no prestamos atención a los pequeños detalles de la persona que amamos. Pero llega un día y desesperadamente te pones a buscar fotos, notas de voz, llamadas guardadas... solo para recordar lo más cotidiano que hayamos podido compartir con la otra persona.

Y cuando ya no está, la culpamos de haber existido en nuestra vida; *odiamos que alguien se marche, pero olvidamos lo feliz que nos ha hecho.* Y es justamente la felicidad que nos ha aportado la que se queda con nosotros, la que nos permite escribirle tantas cartas como veces la recordemos.

¿ES EL CIELO UN AEROPUERTO?

Hoy no voy a escribirte nada porque siempre que escribo pienso en ti, hoy será diferente. Hoy voy a escribirme para estar mejor, para cuidarme, para valorarme, para amarme, para comprenderme, para ser...yo sin ti.

Por suerte he entendido temprano que lo que duele no es siempre amor, a veces es peligro. Y tú has sido algo así por mucho que lo disimularas, por mucho que fingieras ser distinto, por mucho que quisieras ser otro para hacerme sentir mejor. Pero antes de querer debes quererte; es una obligación previa antes de prometer la luna a nadie. Y puede que me haya equivocado al dejarme llevar por tus estrellas fugaces y puede que tu cielo me haya desconcentrado. Pero tú no lo conocías siquiera, ¿cómo ibas a compartirlo?

"Érase una vez dos almas heridas que nunca quisieron sanarse porque una desconocía la raíz de su herida y la otra era muy egoísta..."

Solo dime, ¿en algún momento fui bienvenida?

¿QUEDAMOS? TENGO ALGO QUE DARTE

No esperes una ocasión para regalarle algo a alguien. La persona que se inventó esta idea probablemente fuera una pobre alma que no supo nunca cómo expresarse y esperó una fecha, un número que le ayudase a ello. Pero esa pobre alma nunca supo la reacción de la otra porque la fecha llegó, pero ella...no la alcanzó. Y no le dio tiempo a despedirse y murió de remordimiento. El regalo sobrevivió, pero de nada servía porque ni él conocía la dirección.

No hay ocasiones especiales para regalar. *Son los regalos lo suficientemente valiosos como para convertir una ocasión en especial.*

Qué bonito es cuando se comparte
lo que una vez fue solo nuestro.

ME HE OLVIDADO DE MÍ...DE TANTO PENSAR EN TI

Mientras deseaba día y noche llegar al fondo de tu corazón, donde guardabas tú a las personas que más amabas, me hiciste víctima de mi propio deseo. Mientras intentaba ganarme ese espacio, tú me pedías que te ayudara a alejarme de él. Me pediste, sin temor alguno, que te protegiera de los demás en tu amar. Qué lástima que siempre hayas pensado en el qué dirán, pero nunca en el que yo pueda sentir cuando asentía a cualquiera de tus pedidos, para no hacerte daño. Pero qué daño me he llevado yo, me he olvidado de mí...de tanto pensar en ti. Pero ya sabías que me importabas, que daría la vuelta al mundo en busca de tu felicidad, pero de qué me sirvió que lo supieras si no lo respetabas.

Y a pesar de haberte juntado con la persona que más amabas y que yo haya perdido a la persona que más amaba, nos hemos ganado lo que siempre buscábamos; tu felicidad.

Puede que no te haya dado la felicidad porque tampoco la buscabas en mí, yo era tu no rotundo que nunca pudiste explicar. Pero yo era una oportunidad por descubrir, y tú eras cabezota y no lo veías. Tal vez no lo querías ver, no querías vernos en un futuro juntos porque probablemente te daba miedo del qué dirán, otra vez. Pero yo podría haber sido la valentía que no te atreviste vestir. Y tú me perdiste ese día en el que te entregué a él. Y yo te perdí desde que supe que no estábamos para ser.

Daré la vuelta al mundo en busca del lugar donde me olvidé de mí...

...y volveré.

VOY

Llevamos desde que nacemos esperando algo. No sabemos describir exactamente el qué porque lo desconocemos, pero seguimos esperando. Desde lejos parecemos luces apagadas y espejos que no reflejan del todo bien. Estamos en modo avión; en silencio y sin contacto alguno con el exterior. Nos falta la chispa que lo ponga todo a funcionar, que ponga el orden en nuestro caos interior.

- Fátima, ¡se nos pasará el tren!

- ¡Ya voy papá!

No todos somos conscientes de nuestro estado, de nuestros pensamientos, de nuestros sentimientos, de nuestro Yo. Estamos tan lejos de los demás como lo estamos de nosotros.

Tiene que pasar algo, pero no está pasando nada.

- ¡Fátima!

Ahora sí, yo sé lo que estoy buscando. Y sé lo que me está esperando.

- ¡Voy!

Y así le diré al presente a partir de ahora; voy, espérame.

SI TÚ SUPIERAS LO QUE VIVO CERRANDO LOS OJOS...QUÉ DECIR CUANDO TE VEN

Nos volveremos a ver y probablemente hayamos cambiado mucho desde la última vez. Nos volveremos a saludar cuando el destino decida reencontrarnos, y mantendremos conversaciones que nunca habrías imaginado mantener conmigo. Y puede que al cabo de un tiempo nos queramos, y puede que el amor que surja lo escondamos, tanto de los demás como de nosotros. O también puede que decidamos hacerlo público hasta que el destino decida separarnos. O puede que nada de esto ocurra y tan solo seas en mi imaginación y yo siquiera esté en la tuya.

Que el destino decida y mi imaginación prosiga.

DAROS LA OPORTUNIDAD DE CONOCEROS

Nos creen fuertes hasta que nos derrumba una palabra.

Y tal vez ella solo necesitaba pensar en voz alta, aunque fuera llamada loca.

Somos como el canto de los pájaros, aparentemente libres, irremediablemente pequeños.

Textos recitados a suspiros, versos escritos a contratiempo, llamadas colgadas, mensajes sin contestar.

Si nos encontraran perdidos en medio del bosque, nos abandonarían a nuestra suerte por miedo al desconocido.

La brújula hace tiempo que se rompió y olvidé llevarla a arreglar, no sé cuántas grietas habrá que enmascarar con oro para que brille a la luz de los demás. Pero qué importan los demás si yo ya conozco la realidad.

Pensamientos compulsivos, el razonamiento echándose a perder, escalofríos que no responden a tratamiento, el reposo me ha hecho mal.

Aun así, ¿podemos hablar?

RELATO (I)

Aquella noche me quedé en la casa de mis abuelos porque mis padres tenían el turno nocturno. En realidad, llevaba mucho tiempo sin verlos y aproveché la oportunidad para acurrucarme en el regazo de mi abuela, mientras le cosía una bufanda de lana a mi abuelo. ¡Siempre había admirado su habilidad en la costura! Y yo era un niño muy curioso, siempre le preguntaba por su infancia y su trayectoria en la vida.

- Abuela, ¿no te cansas nunca de coser?

- ¿Y cómo me iba a cansar si me apasiona?

- Pero una pasión no justifica la perseverancia en una tarea, al menos yo me acabo aburriendo cuando saco a pasear a Snowy.

- ¿Acaso te apasiona sacarlo a pasear?

- Bueno, a ratos, cuando es mi única excusa para salir.

- Una pasión no debería ser nunca una excusa.

- ¿Qué es para ti la pasión? Tal vez no nos estemos entendiendo, abuela. – le dije acomodándome en el sofá, dispuesto a pasar la noche en vela solo para conversar con ella. Sonrió y dejó a un lado su "pasión".

- Es un sentimiento que nace desde lo más profundo de nuestro ser, suele irrumpir sin permiso cuando llega a su pico más alto de expresión, haciéndose difícil de controlar. Como verás, es algo interno, sin embargo, siempre lo acabamos asociando a algo externo.

- ¿Y cómo sabes a qué asociarlo?

- Siempre me sorprendes con tus preguntas – me acarició el cabello, que todavía lo tenía húmedo de habérmelo lavado y siguió explicando – Lo descubres con el tiempo y con las diferentes experiencias que te pone la vida en tu día a día. A veces, la casualidad te presenta el sueño que tenias guardado y que desconocías, entonces desde el interior grita una voz llamada "pasión" que reconoce la llamada exterior, es allí cuando se deshace de las esposas que la tenían encarcelada y se libera.

- ¿Y entonces?

- Entonces te das cuenta de que no quieres dejar de hacer aquello que te enciende esa llama. Y persistes por mucho que la desgana te estire del brazo hacia atrás.

- ¿Y cómo se mantiene la llama?

- Considerándola. No hay que avergonzarse de ello. A

veces, puedes encontrar a alguien que le apasione la pesca a pesar de no pescar casi nunca nada. Ya puede recibir tantas burlas como esté dispuesta la gente a hacer, él nunca dejará de pescar porque a parte de sentirse bien cuando se retira al mar, también la pesca le enseña algo.

- ¿Qué te puede enseñar la pesca?

- Pues mucha paciencia, hijo. Y es justamente lo que la pasión te ofrece a cambio de mantenerla. *¿Acaso hay algo más noble que la paciencia en estos tiempos?*

- Pues de mayor quiero ser pescador, así aprenderé a ser paciente cuando la gente corra desesperada por no llegar a sus obligaciones.

- Si eres paciente serás feliz, hijo. Y si consigues hacerte socio de la felicidad, habrás conseguido el éxito en cualquier negocio que te propongas.

A PRIMERA HORA DE LA MAÑANA

En otoño mojo los pies en la orilla, haciéndole compañía al mar, despertando en él el oleaje del amanecer, despertando en mí los sentimientos camuflados de anoche.

En otoño las gaviotas se apoderan de la arena, dejando una huella tras cada paso, mostrando el camino al perdido y al solitario. Me enamora el tamaño de sus extremidades, me enamora el color de su pelaje, me enamora el silencio de su andar.

En otoño no hay mucha gente en la playa, estamos las olas, el cielo y yo aislados de la sociedad. Como si el mar fuera mi hogar, como si yo fuera su única habitante.

En otoño el sol es menos cálido, y el agua de primera hora es la más refrescante, a pesar de las nubes, el mar sigue siendo azul y mi corazón sigue estando abierto.

Otoño marca un antes y un después.

El silencio tiene mucho más sentido
cuando es compartido.

SEGUIRÉ ESPERANDO, PERO NO PROMETO NADA

¿Cuántos otoños van a pasar para dejarte ver el rostro?

Ya son varios años que ando persiguiendo tu sombra sin éxito. Lo único que me dejaste y guardo es el anillo de flor con el que me confesaste tu amor. ¿Antes de irte no te paraste a pensar en cómo podría sentirme? ¿Es que el humano al ser correspondido deja de darle importancia a los detalles? Menudo descaro, que justamente sean los mismos que le permitieron ser correspondido.

¿Cuántas lágrimas tendrá que soportar mi almohada?

Me pregunto hasta qué punto somos capaces de comprender las acciones de los demás... ¿O es que somos egoístas cuando el caso es nuestro bienestar? ¿O simplemente es nuestra forma de expresar nuestra felicidad?

Solo quiero saber si estés donde estés has decidido volver.

La flor todavía sigue en pie, pero yo hace otoños que no consigo levantarme...

MIS VERSOS SIEMPRE QUISIERON SER TUYOS

Hay versos que pierden su significado original cuando cambias de opinión, cuando maduras o cuando decides olvidar. La última opción es como ir contracorriente, sabes que cuesta ir en esa dirección, pero lo intentas. Discutes con tu mente para llegar a una conclusión que te alivie. Sería mucho más fácil borrar el escrito, romper la página o quemar el libro...pero nada de eso disiparía el recuerdo. Por eso olvidar acaba siendo la más eficiente solución y la que más gasto emocional conlleva, porque romper páginas todos sabemos hacer, sobre todo después de exámenes.

¿Cuál es la forma más difícil de olvidar? ¿Y la más fácil de recordar?

¿Hay algún botón que nos permita olvidar cuando recordamos? ¿U otro que nos permita recordar cuando realmente deseamos hacerlo?

Sin duda, nuestro inconsciente nos salva de ciertos desastres.

A veces, es mejor ignorar y dejarlo pasar, ¿verdad?

Al final aprendemos a repetir mil veces la lectura de un verso y no conmovernos como la primera vez en la que fue escrito. O como en la primera vez en la que nos rompieron. El verso pierde su significado, pero ganamos otro mucho más bonito, más real, más acuerdo a nosotros. Por eso mis versos siempre quisieron ser tuyos, para ti. *No ha sido tarde, ha sido a su tiempo* porque siempre he aprendido.

Y gracias por haberme enseñado a releerme y gracias por haberme leído.

BASTA YA DE TANTO EGOÍSMO

Me pregunto cuándo se va a erradicar la mala costumbre de no respetar los esfuerzos de los demás.

ME ENAMORÉ...

Pensé...qué bonita se ve; aunque mis ojos vean los suyos no los descubriré, me los volveré a mirar al final y los dejaré entrever. Pero no olvidaré su mirada, tan profunda, de esas que te lo dicen todo sin pronunciar palabra, de esas que parecen flechazos de Cupido, de esas que podrían doler si permaneces quieto, de esas que te inmutan sin esperarlo.

Desconozco su pasado, aunque me hubiera encantado recordar su comienzo; ni siquiera sé si nació llorando o en silencio. Solo sé que estuvo a punto de morir y no lo hizo. Ella es tan bonita, cuando la miro me olvido de mis penas. Su reflejo me inspira fuerza, coraje, valentía y mucha paciencia. Me inspira que nada en esta vida es fácil; ni conseguir la felicidad es tarea exclusiva de críos ni la tristeza es única para enfermos. Algo en ella me dice que al final siempre hay una sonrisa de oreja a oreja, que porque algo no sea como siempre hayamos deseado no significa que sea un mal desenlace, podría incluso ser uno mejor.

En medio del espejo estaba ella, con su rostro pálido, ojeras de no haber dormido tres noches seguidas y con los ojos hinchados de haber llorado un buen rato. *Pero sonreía. Y por eso se veía tan bonita.*

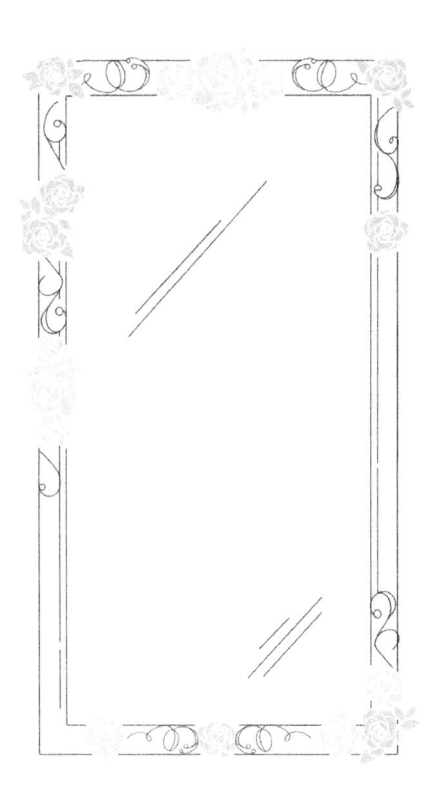

NO ME PIDAS LO IMPOSIBLE

No he olvidado, no he podido olvidar. Porque quien ha amado una vez no puede olvidar. Porque el tiempo podrá curar las heridas, podrán aparecer cicatrices, podrán doler menos al verlas, pero siempre estarán allí recordándonos de lo que fue, de lo que a veces queremos deshacernos de, de lo que no podemos divorciarnos, de lo que va a enterrarse con nosotros. Por eso nunca he podido olvidar el amor que di ni el que recibí. Por eso siempre seguirás aquí, en mí. Tu recuerdo me hace compañía y el amor que me puedas dar ahora ya no es cosa mía. Por eso te quiero libre, en mí.

El olvido, qué palabra tan dura y qué alivio da cuando se consigue.

NO TE OFENDAS SI...

No estoy acostumbrada a recibir tanto amor de golpe, por eso no te ofendas si no te correspondo en la forma que desearías. Soy más de dar en pequeñas dosis porque he aprendido con los años a valorar los detalles, los gestos, los sentimientos, los momentos...

Pero lo que doy es real si lo supieras analizar.

A veces nos duele la decepción más que la realidad.

SABER DESCUBRIR A TIEMPO

Hay borradores que no se publican nunca como los hay de sentimientos que no se revelan jamás. *Y qué injusticia tan cruel es esa la de esconder y callar un alma*, que además de ser es libre. Pero qué libertad es esa cuando tan solo fingimos tenerla y por dentro estrangulamos nuestro pensamiento.

Es triste, ¿cierto? Más triste todavía es la verdad que tratamos de ocultar.

Y si la verdad llega a doler, qué decir de la agonía del alma por esconderla.

SOMOS UNIDADES EN BUSCA DE MITADES

Todos tenemos una mitad favorita guardada en nosotros, atesorada bajo el alma que ni siquiera el cerebro reconoce. Y por eso nos enamoramos de la persona adecuada, porque encaja perfectamente en la mitad. Es erróneo pensar que es una emoción ajena o necesariamente dada por un segundo; una mitad la podemos descubrir por nuestra cuenta en nosotros mismos, *a veces nos enamoramos de nuestro propio ser y no es narcisismo, es amor propio*. Y es primordial antes de continuar con la otra mitad.

Las mitades no se buscan porque no es algo que hayamos perdido por el camino, se encuentran porque nos complementan y se desean porque nos hacen falta.

Y te pasará que encontrarás a tu mitad favorita antes de darte cuenta, y te enamorarás de ella sin entender el por qué, pero no hay nada que entender. Te has encontrado en otra persona, te has completado como unidad porque siempre fuiste una unidad en busca de tu mitad.

Y pensarás que no necesitas de otra mitad, pero no te engañes. Seguimos el curso de la naturaleza...y en ella todo se complementa.

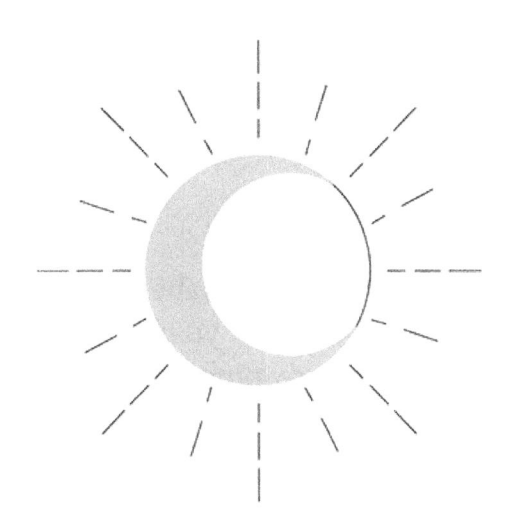

EVADE LA MIRADA CUANDO ME VEAS...

No me mires con lástima, no lo hagas por favor. Porque me duele más tu mirada que tu rechazo a mi amor, porque no quiero que te sientas culpable de no corresponderme. No quiero que sufras en mi lugar, no cargues con tanta pena...deja que mi corazón se encargue de eso, deja que asuma las consecuencias de haberse negado a querer con razón, deja que las heridas aprendan a cicatrizar solas, déjame, aunque sea a ratos, evade la mirada cuando me descubras en mi pesar.

No me tortures con tu mirada.

Tú puedes estar harta de saber que hay alguien queriéndote siempre, pero yo no me canso nunca de esperarte, no sé el camino de vuelta a mi hogar. Pienso que te has convertido en mi único refugio, por eso puedo soportar quererte en silencio.

"Me has enamorado...y es algo que siempre te perdonaré."

El peor desencuentro es el que puede suceder dentro de uno mismo..

¿CONMIGO PARA CUÁNDO?

Te quiero tener conmigo porque en mí ya te tengo. Hace tiempo que te he descubierto bajo la sombra de mi anhelo, mi nostalgia a tus caricias se ha hecho viral en mi cuerpo. Y sigo pensando que estás demasiado lejos, tanto que solo puedo verte en sueños y al intentar alcanzarte no lo consigo, como si me pesaran los pies o como si no pudieras escuchar mi llamada.

Pero por mucho que te tenga en mí no es suficiente. Y no porque tenga miedo a perderte entre las redes de mi alma, sino porque te necesito a mi lado. Mi pecho necesita tu calidez y mis noches necesitan tu amor.

Las estrellas nos piden a brillo que seamos uno. Y nosotros seguimos perdidos sin saber cuándo.

LOS HOMBRES DE VERDAD TAMBIÉN LLORAN

Hay silencios que matan y sonrisas que confunden. Sé de versos pasados que marcaron mis recuerdos, las lágrimas fueron abundantes cada vez que te leía pues sabía que escribiste con dolor en tu pecho. No conozco de mí algo que me duela más como ser el motivo de tristeza de otro corazón.

Los hombres de verdad también lloran, aunque la sociedad actual eduque de forma errónea, haciéndonos creer que solo la figura femenina tiene derecho a expresar su angustia. Y aunque llores a escondidas, sé que lloras a menudo, tus ojos siempre están cansados, apagados, mas nunca les faltó esperanza.

MENS SANA IN CORPORE SANO

Hay personas que tienen temor de sí mismos cuando se quedan solos; se inestabilizan bruscamente en busca de ayuda, como si tuvieran un monstruo en su interior que los amenazara con la vida. Entiendo que seamos sociales, extrovertidos con quienes tenemos confianza, sinceros cuando le confesamos a alguien nuestras preocupaciones... Pero de qué sirve ser tan activo estando con otros cuando no somos capaces de permanecer en solitud. Necesitamos retroalimentarnos para poder avanzar; ¿acaso no deseamos siempre que se nos escuche atentamente? La pasividad es una forma de escaparse de la realidad, pero no es la única forma de afrontar las situaciones.

Hay quienes por temor a quedarse solos se han dejado manipular.

Y no hay que viajar muy lejos para deshacerse del ruido de los demás, es suficiente que seas capaz de sentarte y hablarte o si quieres, escucharte. Seguro que tienes mucho que decirte, a ti, sin necesidad de alguien más. Y si precisas ver otros ojos, te invito a mirarte al espejo para que ganes confianza contigo. Si te sabes sonreír habrás avanzado un gran paso.

Todo lo que te rodea tiene algo que aportarte, solo tienes que saber filtrarlo.

NO ME NIEGUES QUERERTE

En algún momento, no sé cuándo, me enamoré de tus ojos. Aquéllos que te empeñabas en esconder por temor a ser leídos, a ser comprendidos. Pero me enamoré del misterio que tratabas de ocultar bajo tus gafas y tus 'no puedo quedar', que nunca te faltaban excusas para negarme una salida, y yo deseaba hacerte ver que quería estar contigo, pero no quería invadir tu espacio personal que tanto defendías en tus debates.

Ya no me quedaron más puentes para llegar a ti que mi corazón.

Las historias más difíciles de escribir
son también las más profundas de leer

NO SABRÍA ABRAZARTE A DISTANCIA

Me pasaría todo el día hablando contigo en la terraza de una cafetería acogedora, sirviéndonos de la luna llena como nuestra más amada compañía, haciendo parar el tiempo para pasar a una dimensión superior que solo nuestros sentidos serían capaces de percibir, deseando que la madrugada no llegara o, tal vez, desear disfrutar del alba, nuestra primera hora del día abrazados.

Sería mucho más rentable que dejáramos de soñarlo y pasáramos a la acción.

EL HOGAR NO ES HOGAR SI NO ESTÁS TÚ EN ÉL

Somos el pensamiento de alguien, y no sabemos cómo compensar el tiempo que invierten en nosotros, como si fuera un favor, una carga o una obligación. Qué duro pensarlo así en vez de disfrutarlo y alegrarse por ser importante en la vida de otra persona. Sí, somos importantes cuando alguien pregunta por nosotros o acude a nuestro encuentro, cuando llamamos de madrugada por querer hablar sobre un tema que nos molesta, cuando nos preparan la comida para desestresarnos de las demás responsabilidades, cuando nos acarician el pelo después de una larga jornada de movimiento, cuando nos besan la frente y nos calientan las manos en un día invernal, cuando nos llaman para escucharnos sin ningún otro tipo de interés que escuchar nuestra voz. Somos importantes para ellos porque les hemos hecho sentir a gusto, cómodos y, sobre todo, les hemos permitido ser ellos mismos. Allí, donde podemos ser sin necesidad de máscaras, somos felices.

Y lo mínimo que podemos hacer por alguien que nos hace feliz es hacerle también feliz.

No decidimos nacer ni tampoco morir, pero podemos decidir con quién compartir nuestros momentos de vida y nuestros últimos de aliento.

Y si yo tuviera que escoger de nuevo... te escogería a ti sin falta.

DE MAYOR QUIERO VOLVER A CONFIAR

La duda no solo puede matar también puede consumirte, deteriorar tu alma de forma progresiva. Es el cáncer del pensamiento cuyo principal factor de riesgo es la falta de autoestima. De pronto, dejas de disfrutar del paisaje que te ofrece la realidad y pones sobre la mesa creaciones tuyas. Imaginar está bien como vía de escape cuando la vida aprieta y sientes que te ahogas en tu día a día, pero la imaginación no debería ser tu única realidad. La mente sigue siendo un espacio cerrado, por muchos sueños contenga o muchas ilusiones se haga. Limitar el pensamiento a determinadas personas solo hace que te olvides de ti; dicen que como más lejos mejor se ven las cosas, si solo vives en un espacio nunca podrás ver más allá, nunca podrás ver claro.

La mente es poderosa haciéndonos creer cosas que no son, con lo difícil que es convencernos de un hecho real, con lo complejo que parece un *deja vu*... pero caemos muy rápido en las telarañas que tejemos; y a pesar de ser un hábitat frágil nos cuesta deshacernos de él, nos hemos acostumbrado a nuestra aparente zona de confort.

Nunca es tarde para darse cuenta de lo que nos hace mal, *nunca es tarde para volver a empezar.*

NO SABRÍA DECIRTE

Percibo un nudo en el corazón que no me deja expresarme, que no me deja hablar. Y solo me quedan las lágrimas o la sonrisa entre cada una de ellas para confundirte aún más. Una vez oí hablar de la teoría del niño herido; la cual defiende que cada uno de nosotros esconde un niño que no supo hablar en su momento y creció en silencio, herido y malnutrido de sentimientos negativos. Ganamos edad y maduramos, pero nuestro interior permanece intacto a menos que se lo descubramos a alguien que pueda mirarnos sin juzgarnos. *¡Tememos tanto a ser descubiertos!* Pero no me extraña nuestra conducta pues somos muy complejos y, a la vez, impredecibles.

El dolor del presente tal vez se convierta en la historia del mañana, un recorrido de grietas o una anécdota de más...

SOMOS

Somos los secretos que hemos enterrado, el niño que hemos encerrado y al que le hemos prohibido ver la luz del mañana, somos los recuerdos que negamos a pesar de tenerlos presentes en cada instante, somos los momentos perdidos esperando a alguien que desconocíamos su bondad, somos las oportunidades que se han quedado en el aire por culpa de nuestro retraso a responder, somos los contactos que hemos decidido no volver a tener, somos la infancia que dormía en el regazo de sus padres creyéndolos eternos, somos el encuentro improvisado con nuestras almas favoritas, somos el tiempo que deseábamos paralizar, somos el texto que escribimos para guardarlo como borrador, dejarlo en el buzón de correos o simplemente borrarlo para que nadie nos lea el pensamiento.

Somos, de una forma descuidada, compleja y a la vez simplista, desorganizada y entretenida, diversa y a la vez individualista. Somos la intimidad al descubierto y la desnudez en la oscuridad.

No somos el río que da al agua, somos el océano que envuelve al planeta.

Tengo frío,
y no sé si es por el tiempo o por tu ausencia.

REFLEXIONES DE UN ATARDECER

Nos empeñamos tanto a hacer felices a nuestros seres queridos que nos olvidamos del estrés que podemos llegar a ocasionarles. No los culpemos porque no son Dios y no conocen nuestras intenciones. *A veces, la felicidad que una pide es tener un tiempo libre para dedicárselo a sí misma*, por eso no nos metamos en ese espacio tan íntimo y fortuito. Normalicemos que estar sola con una misma no es soledad sino solitud. Normalicemos dar la vuelta al mundo acompañadas de nuestra propia ilusión de ver mundo y crecer. Normalicemos salir de paseo sin la necesidad de tener los auriculares puestos, normalicemos desconectar sin que suene a algo negativo.

Seremos felices cuando nos conozcamos. Mientras tanto normalicemos.

NO TE ATORMENTES POR TERCEROS

Y si por un malentendido se van a cortar las relaciones, entonces iniciar la relación también fue un malentendido. Pues una cree que cuando se le ofrece la mano es para agarrarla con fuerza y no desistir al primer tropiezo. Porque cuando alguien ama de verdad no le atormentan los susurros de terceros ni escucha los reproches de sus amistades. *Porque cuando alguien ama de verdad no solo está comprometiéndose a estar, sino también a cuidar.*

Proteger el vínculo amoroso se ha convertido en una laboriosa tarea, pues el estar rodeados de tantos corazones viciados por el desprecio y la envidia hace que olvidemos, por momentos, nuestro verdadero propósito en esta vida.

¿Y qué son las palabras hirientes sino flechas sangrientas?

Pero, aunque el viento sople con fuerza no hay energía que rompa un vínculo arraigado en una admiración y confianza mutuas. Las cadenas que otros puedan echar sobre nuestros cuerpos no son más que herramientas para demostrar nuestro amor recíproco, y no podrían ser nunca motivo de nuestra separación.

¿QUÉ DIRÍA EL AMOR SI PUDIERA HABLAR?

Se ha dicho tanto del amor, que parece mentira que algunos no lo reconozcan cuando lo tienen esperando en la puerta. Digo, ¿por qué ser orgullosos cuando se presenta sin previo aviso? ¿Nos molestaría menos si tuviéramos concertada una cita? ¿o nos asusta la felicidad que podamos encontrar en su morada?

Por mucho se haya escrito o compuesto sobre este sentimiento, hay quienes todavía desconfían de su poder. No ignoro aquellos que sí lo valoran y respetan como bien merece, pero quiero enfocarme en aquellos que lo tratan como embustero o placer temporal.

No confundas el enamoramiento que pueda cegarte por un tiempo con el amor que te llevará a apreciar con los ojos abiertos tu amado. *Porque en el amor te podrás enamorar tantas veces como quieras,* pero en el enamoramiento solo disfrutarás de aquello que imaginas y solo por un tiempo.

Qué bonito cuando se termina el hechizo y ves que todo sigue siendo igual de real, que la persona con la que te quedabas hablando hasta pasada la madrugada sigue queriendo oír de ti antes de irse a dormir.

Hay hombros que no se hunden por mucho peso pongas encima, así que acomódate sin pudor.

El amor... nos deja sin palabras, nos rompe las expectativas para presentarnos una realidad más afina a nuestros deseos.

¿Qué diría el amor si pudiera hablar? ¿O acaso, ha decidido permanecer en silencio para dejarnos a nosotros actuar?

NO ESTÁS OBLIGADA A CORRESPONDERME, PERO TAMPOCO TIENES DERECHO A NEGARME LA LIBERTAD DE QUERERTE

¿Qué más te da si te quiero? Me dejaste claro que no ibas a corresponderme, pero no puedes prohibirme amarte, no puedes quitarme esa libertad que a pesar de agonizarme y atormentarme me mantiene vivo, con apenas una diminuta esperanza a la que he preferido recurrir tras cada lánguida mirada que travesaba mis pupilas dilatadas de amor.

¿Qué más te da si te recuerdo? No puedes interferir en mis pensamientos, no puedes detener mis circuitos neuronales que bailan sin ritmo dentro de mí, pobres neuronas, agitadas por el recuerdo continuo sin apenas respuesta placentera al estímulo.

¿Qué más te da si sufro? No es este sufrimiento más que una prueba de que sigo vivo, sintiendo y a la vez percibiendo con ligera resiliencia tu rechazo. Esta sensación que me has regalado frente a mis educados gestos no es más que una prueba de mi puro corazón y tu mala gestión.

¿Qué más te da si de entre todas las flores del jardín he preferido el jardín?

LIMITADO EN TUS SUSPIROS

Me pasa casi todas las noches antes de dormir, cuando estoy solo, pensando en ti. Cuando veo lo mucho que te esfuerzas en hacerme feliz, lo mucho que intentas disimular tus pesares con tus "estoy bien, no ha pasado nada", de hecho, sí ha pasado y es que nos hemos conocido malamente, pero aquí estamos revolviendo el mundo para que todo funcione, para que estemos bien, juntos, aunque pienses en otra persona, aunque te quiera inintencionadamente.

Ojalá antes, ojalá yo en su lugar, *hay tantos ojalá ahogados que me pesan el alma...*pero me conformo con el espacio que me has hecho en ti, aunque me sienta limitado.

QUIEN AMA NO HIERE, QUIEN HIERE HA DEJADO DE AMAR

Además de ser muy sensible, soy muy real. No malinterpretes mi perdón ante las pequeñas cosas de nuestra vida cotidiana, pues no es que prefiera cegarme ante estos detalles y dejar que los días fluyan como si nada, más bien priorizo el diálogo y la buena comunicación sin miedo a perjudicar la relación que hemos decidido mantener, y digo mantener porque no somos abejas para ir de flor en flor, ni somos camisetas para dejarnos abandonados en un armario, en nuestro caso, en el olvido.

No malinterpretes mi amor y mi compromiso a mantenernos, a mantener la llama que nos ha unido. Porque una palabra hiriente me puede hacer más daño que una bofetada, porque *quien ama no hiere y quien hiere ha dejado de amar.*

No me des tiempo, dedícamelo con amor.

QUE TU LUCHA SEA CONSEGUIR PAZ Y JUSTICIA

Siempre seremos criticados, es algo de lo que no podremos escapar mientras sigamos con vida en medio de la multitud. Y la crítica no distingue entre las diferentes clases sociales, todos seremos víctimas de habladurías. Si bien podremos acabar ignorándolas, algunas personas se enfermarán por haber sido metidas en un hoyo sin precedentes. Seamos comprensivos, al menos, con aquellas personas con debilidad a las opiniones ajenas. Seamos por un día compasivos con nuestros iguales que al fin y al cabo todos somos del barro y del barro resurgiremos. Seamos solidarios con aquellas personas cuyas vidas fueron arrebatadas por traidores. Seamos justos en momentos de adversidad, dejando a un lado la hipocresía y la vanidad. Seamos unidos un ejemplo para las generaciones venideras, que se regocijen de orgullo cuando nos estudien en sus clases de historia; no permitamos que nos insulten cuando mencionen nuestros nombres y tampoco nos maldigan cuando estudien nuestras acciones. Seamos el comodín del cambio, seamos revolucionarios con aquellos que proclaman la tiranía y la corrupción en nuestras tierras. Seamos el aniversario anual de la humanidad, que conmemoren diariamente nuestra valentía ante los injustos.

Y, de nuevo, aunque hagamos todo nuestro esfuerzo

y nos empeñemos a beneficiar a quienes nos rodean acabaremos siendo criticados, pero esta vez por las mentes más cerradas, arrogantes e incrédulas que puedan habitar esta Tierra.

Pero mientras podamos cultivar esperanza en nuestro andar, no nos detengamos. Que queda mucho por regar y el futuro nos permitirá ver los frutos de nuestra ardua labor.

Suficiente de mi parte, aunque en realidad me ha costado ponerle fin. Es tu turno, te he dejado una página en blanco para escribir(me). Y bueno, **¿de qué tenemos que hablar?**

INSTRUCCIONES:

1. No fuerces ninguna palabra, escribe cuando te venga la inspiración, cuando te sientas cómodo/a.

2. No intentes copiar el estilo de nadie; sé original, sé tú.

3. Publica tu escrito en Instagram con la siguiente etiqueta: **#tenemosquehablar** y házmelo saber etiquetándome. *@iman_azmani*

ÍNDICE

La sociedad en ti	8
Pupilas	9
¿Qué esconden las personas "duras"?	10
Aférrate a la perseverancia	12
Dibujémos(lo)	14
Tesoros que no se compran	15
La canción de la vida	16
Juzgamos desde nuestra zona de confort	17
Dejar rastro	19
Nadie es como parece hasta que lo descubres	21
Hay principios incuestionables	22
Sentimientos encontrados	24
Eres tú	26
Un abrazo a distancia	27
Señal de supervivencia	29
Entre dos siglos	31
El amor es para valientes	32

Primeros contactos	34
Desconsolada	36
Eres un aniversario en el calendario de mi existencia	37
Cuando casi te pierdo	38
Y aunque no nos acabéis recibiendo ...	40
El jardín interior	41
¿Quién no iba a querer ser mujer si pudiera escoger?	43
Deséate paz la próxima vez	44
El primer amor no siempre es el último	48
¿Hasta qué punto la libertad es libre?	50
Consejo (i)	51
Consejo (ii)	53
¿Cuál es tu discurso?	54
¿Qué tan real es el dolor?	55
La carta que me devolvió correos	57
Somos frágiles, ¿y?	59
Nos necesitamos continuamente	60
Reeducarnos	62
Tu ignorancia, tu responsabilidad	64

Tejiendo emociones	66
Recordatorio, de esos que se pegan en la nevera	67
Reflexiones	69
Donde sientas paz, allí es	70
Planes improvisados	72
Déjame contarte...	73
Historia manipulada	75
Frente un mar furioso, me dejo alcanzar descalza	76
El adulto es un niño en grande	78
Ojalá conozcas alguien así	80
¿Deseas configurar tu estado?	82
Habrá alguien que no podrá dejarte ir	84
La niña en mí	85
Personas reales	87
A ratos	88
Enamorado de nosotros	89
No todo lo que ves es real	91
Quédate	93
Seguiré esculpiendo mi mejor versión gracias a ti	94

Relato (i)	95
Los desencuentros en el amor	98
Estar en pareja	100
Se trata de combinar y no de imponer	105
Una relíquia de caos	106
¿Si un recuerdo fuera una semilla ...?	108
Octubre	110
En la espera se nos duerme el alma	112
Perdonar hasta la saciedad	114
Matices	115
Abrirle o no la puerta dependerá de ti	116
Pensé que seriamos más de nosotros ...	
El amor no se hace olvidar, aunque el dolor...	118
No nos conocemos, nos reencontramos	120
En el escenario	121
Alza la vista al cielo	123
Si llegas tarde,...	124
Personas subtóxicas	125
No te dejes escoger	126

Entre tú y yo 128
Algunos están forzados a marchar 130
La historia se repite 133
Una pluma, un verso y yo 134
Perdonar está bien, pero te necesitas sana y feliz 135
A veces es perjudicial insistir 136
La culpa es de aquellas personas... 137
Cuando la distancia no se mide en km... 139
"Y" es una declaración de amor, amor propio... 140
Primero observa, luego no tienes por qué hablar 142
No guardes la foto, atesora el sentimiento 143
¿Es el cielo un aeropuerto? 145
¿Quedamos? Tengo algo que darte 146
Me he olvidado de mí...de tanto pensar en ti 148
Voy 150
Si tú supieras lo que vivo cerrando los ojos... 151
Daros la oportunidad de conoceros 152
Relato (i) 153
A primera hora de la mañana 156

Seguiré esperando, pero no prometo nada	158
Mis versos siempre quisieron ser tuyos	159
Basta ya de tanto egoísmo	161
Me enamoré...	162
No me pidas lo imposible	164
No te ofendas si...	165
Saber descubrir a tiempo	167
Somos unidades en busca de mitades	168
Evade la mirada cuando me veas...	170
¿Conmigo para cuándo?	172
Los hombres de verdad también lloran	173
Mens sana in corpore sano	174
No me niegues quererte	175
No sabría abrazarte a distancia	177
El hogar no es hogar si no estás tú en él	178
De mayor quiero volver a confiar	180
No sabría decirte	181
Somos	182
Reflexiones de un atardecer	184

No te atormentes por terceros	185
¿Qué diría el amor si pudiera hablar?	186
No estás obligada a corresponderme, pero...	188
Limitado en tus suspiros	189
Quien ama no hiere, quien hiere ha dejado de amar	190
Que tu lucha sea conseguir paz y justicia	191

TENEMOS QUE HABLAR - Iman.A.

Printed in Great Britain
by Amazon